주님을 사랑하는 자

Published in English under the two titles

Those Who Love Him | *Bride of Jesus Christ*

(Original Title: *Die Ihn lieben*) (Original Title: *Braut Jesu Christi*)

by M. Basilea Schlink

Copyright ⓒ 1969, 1989

by the Evangelical Sisterhood of Mary

P.O.B. 64241 Darmstadt, Germany

Heidelberger Landstr. 107

64297 Darmstadt, Germany

www.kanaan.org

All rights reserved.

Korean Translation Copyright ⓒ 2018 by Kyujang Publishing Company

이 한국어판의 저작권은 저작권자와 독점 계약한 규장에 있습니다.
신 저작권법에 의하여 한국 내에서 보호를 받는 저작물이므로 무단 전재와 무단 복제를 금합니다.

신랑 되신 예수님을 기다리는 순결한 주의 신부

주님을 사랑하는 자

바실레아 슐링크

규장

CONTENTS

들어가는 글

1부 그분을 사랑하는 자들

Chapter 1 너를 책망할 것이 있나니 · 12

Chapter 2 우리를 향한 주님의 사랑 | 측량 못할 사랑 · 32

Chapter 3 그분을 향한 우리의 사랑 | 처음 사랑일까? · 48

Chapter 4 무엇이 '처음 사랑'을 방해하는가 · 79

Chapter 5 많은 용서, 많은 사랑 · 108

Chapter 6 주님을 향한 사랑 | 형제자매를 향한 사랑 · 125

Chapter 7 주님을 향한 사랑 | 예수님의 고난을 나누는 교제 · 139

Chapter 8 예수님의 재림, 분리의 때 · 158

Chapter 9 사랑의 최종 목표, 어린양의 혼인 잔치 · 174

2부 예수 그리스도의 신부

Chapter 10 신부의 비밀, 신부의 소망 · 192

Chapter 11 사랑은 모든 것을 맡긴다 · 206

Chapter 12 사랑으로 약함을 넘어서는 사람들 · 233

Chapter 13 신랑을 기다리는 신부 · 265

들어가는 글

주를 사랑하는
신부의 은혜를 입자
THOSE WHO LOVE HIM

하나님은 택함 받은 이스라엘 백성에게 이렇게 말씀하셨다.

내가 네게 장가들어 영원히 살되 공의와 정의와 은총과 긍휼히 여김으로 네게 장가들며 진실함으로 네게 장가 들리니 네가 여호와를 알리라 **호 2:19,20**

이는 너를 지으신 이가 네 남편이시라 **사 54:5**

우리는 이 말씀 속에서 마치 신랑이 신부를 기뻐함같이 이스라엘을 기뻐하시는(사 62:5) 하나님의 사랑의 모습을 보게 된다. 언약 백성인 이스라엘은 그 무엇보다 신랑 되시는 주 하나님을 사랑하며 그분을 마음의 첫째 자리에 두도록 부름 받았다.

그들이 연약하여 넘어질 때에도 "하나님의 은사와 부르심에는 후회하심이 없느니라"(롬 11:29)는 말씀대로 주님은 그들에게 신실함을 보이셨다. 그들은 하나님께 눈동자와 같이 소중한 그분의 백성이었다. 그 주의 백성을 통해 "구원이 유대인에게서 남이라"(요 4:22)라는 예수님의 말씀이 성취되었다.

이 땅에 오신 예수님은 죄인인 우리와 사랑의 언약을 맺고자 하셨으며, 어린양의 신부로 나이와 남녀 구별 없이 우리와 사랑의 언약을 맺으신다. 그리고 이방인인 우리도 참감람나무의 진액을 함께 받는 자가 되게 하셨다.

이방인의 사도인 바울은 "내가 확신하노니 사망이나 생명이나 천사들이나 권세자들이나 현재 일이나 장래 일이나 능력이나 높음이나 깊음이나 다른 어떤 피조물이라도 우리를 우리 주 그리스도 예수 안에 있는 하나님의 사랑에서 끊을 수 없으리라"(롬 8:38,39)라고 이 사랑을 표현했으며, "내가 하나님의 열심으로 너희를 위하여 열심을 내노니 내가 너희를 정결한 처녀로 한 남편인 그리스도께 드리려고 중매함이로다"(고후 11:2)라고 말했다.

신부의 사랑의 은혜는 '우리 자신이 누구인가?'를 알 때, 즉 우리가 하나님과 사람 앞에 죄인인 것을 볼 때 주어진다. 이 기초를 제하면 우리는 그저 상상에 빠진 위선자가 될 수 있다. 더 이상 주님의 길을 가지 않으면서도, 자신이 예수님께 속했고 신부처럼 그분 곁에 가까이 거한다고 말한다.

그러나 실제로 우리는 하나님의 인도하심과 다루심을 통해 자아가 죽는 과정 속에서 신랑 되신 예수님과 연합하게 된다. 주님과 함께 멍에를 지면, 그분이 지니신 모든 것, 그분의 사랑과 도움과 위로와 섬세하고 깊은 이해와 동정과 원기 회복, 천국의 기쁨과 축복을 누리게 된다. 그리고 성령님의 도우심으로 일상의 삶 속에서 주님과 친밀하고 깊은 교제 가운데로 나아가게 된다. 일상생활에서 특히 우리의 관심을 자극하며 기억에 생생히 남는 문제들을 하나님과 교제하는 가운데 주님께 알리는 순간, 우리는 평안함을 얻게 되며 염려와 책임을 벗어버리고 모든 것을 하나님의 손에 맡길 수 있게 된다.

홀로 있거나 다른 사람들과 함께 있을 때, 일이나 휴식을 취할 때 또는 길을 걸을 때 언제든지 기회가 있을 때마다 많은 말이 아닌 단순한 기도로 주님과의 친밀한 교제 가운데로 나아가자. 그분은 약속하신 말씀대로 언제나 우리를 도우시며 인도하신다. 주님과의 친밀한 교제가 우리의 '예수님께로 향한 처음 사랑'을 회복시키며, 우리의 영혼을 정결케 하고 우리 안의 돌처럼 굳은 마음을 연한 풀과 같이 부드러운 마음으로 변화시킨다.

성령님의 세미한 음성을 들으며 이 길을 갈 때, 주님은 언젠가 우리를 어린양의 혼인 잔치에 참여케 하실 것이다.

> 우리가 즐거워하고 크게 기뻐하며 그에게 영광을 돌리세 어린양의 혼인 기약이 이르렀고 그의 아내가 자신을 준비하였으므로 그에게 빛나고 깨끗한 세마포 옷을 입도록 허락하셨으니 이 세마포 옷은 성도들의 옳은 행실이로다 계 19:7,8

나는 이 책이 예수님을 향한 우리의 처음 사랑을 발견해 가는 데 길잡이가 될 수 있기를 간절히 소망한다.

1부

THOSE WHO LOVE HIM

그분을 사랑하는 자들

CHAPTER 1

너를 책망할 것이 있나니

요한계시록 2장 4절에 기록된 하나님의 말씀을 보고 가던 길을 멈춘 적이 있는가? "그러나 너를 책망할 것이 있나니 너의 처음 사랑을 버렸느니라"(계 2:4)라는 말씀을 읽으면서 이상한 불안감을 느낀 적이 있는가?

나는 하나님나라의 일에 전적으로 몰두하던 시기에 그런 일을 경험했다. 청년회를 이끌고, 가르치는 사명을 감당하며, 성경을 강의하고, 개인 상담을 진행하면서 모든 시간을 하나님의 일에 쏟는 듯 보이던 때였는데, 대부분의 일들이 세밀한 준비를 필요로 했기에 종종 기진맥진하기 일보직전에 놓이곤 했다. 그때는 2차 세계대전 중이어서 많은 독일인이 전쟁에서 비롯된 육신적, 영적 괴로움으로 하나님 말씀을 배고파했고, 나의 강연을 들으려는 사람들이 예배당과 교구 강당을 가득 메웠다. 그들은 내게 편지와 의견을 많이 보내왔고 감사하는 마음으로 하나님의 말씀을 받았다. 그러나 나는 시간이 충분하지 않아 독일 전역의 교회들과 단체들에서 한꺼번에 몰려드는 성경 공부와 강연 요청에 다 응하지 못했다.

한 사람의 사역에 이토록 많은 사람들이 반응해오면 그 사람의 마음이 기쁘지 않겠는가? 정말 나는 예수님을 위해 그렇게 사역할 수 있는 특권을 누리는 데 감사드렸다. 그뿐만 아니라 내적인 삶에 관해 같이 이야기하고, 기도하고, 일에 대한 부담을 서로 나눌 수 있는 친구와 함께하고 있었기에 개인적으로도 기뻤다.

그때 나는 '내가 하나님을 섬기는 데 모든 시간을 쏟으면서 이렇게 살고 있는데 무엇을 놓칠 리 있겠어? 나의 생활 전체가 예수님을 중심으로 돌아가지 않았어?'라고 생각했다. 그러나 어느 순간, 하나님에게서 온 어떤 말씀 때문에 불안해지기 시작했다. 그것은 '처음 사랑(first love)을 버리는 것'에 관한 말씀이었다.

성경 말씀을 듣고 읽을 때였는지, 기도하는 동안이었는지는 잘 기억나지 않지만, 그 말씀과 함께 어두운 물음표 하나가 갑자기 솟아오르며 나의 믿음과 예수님을 위한 봉사를 캄캄하게 가렸다. 나는 곧 요한계시록을 펴고 몇 구절을 읽어나갔다. 예수님이 에베소교회의 지도자에 관해 매섭고 예리하게 판결하시는 부분이었다.

'예수님은 나를 두고도 똑같이 판결하셨을까? 나에게도 어디서 떨어졌는지를 생각하고 회개하라(계 2:5)고 말씀하셨을까? 예수님은 나의 처음 사랑에 대해 뭐라고 말씀하실까?'

당시 나는 성경에 나오는 '처음 사랑'의 의미를 제대로 이해하지 못했다. 그러나 한 가지는 알았다. 예수님을 향한 나의 사랑이 가짜라는 점이었다.

진짜 중요한 것이 있다

나는 살아 계신 하나님께서 확실한 방식으로 나의 인생에 들어오셨던 때를 다시 돌아보며 생각했다.

'나는 지금 그때 나의 마음에서 타오르던 사랑과는 다른 사랑을 품고 있는 게 아닐까? 내가 예수님을 향한 그 사랑을 팔아버렸을까? 나의 날들을 가득 채우고 마음에 만족을 주는 사역에 대한 사랑과 맞바꾸었을까?'

이는 알아차리기 어려운 문제일지 모른다. 요한계시록 2장에서 주님이 에베소교회에 주신 메시지를 읽어보라.

"내가 네 행위와 수고와 네 인내를 알고 또 악한 자들을 용납하지 아니한 것과 자칭 사도라 하되 아닌 자들을 시험하여 그의 거짓된 것을 네가 드러낸 것과 또 네가 참고 내 이름을 위하여 견디고 게으르지 아니한 것을 아노라"(계 2:2,3).

주님은 에베소교회의 지도자를 인정하신다! 많이 칭찬하신다! 그는 악한 사람들과 절교하고, 시험과 어려움을 끈기 있게 참으며, 게으르지 않다. 예수님을 합당하게 사랑하는 영적 지도자가 확실하다. 그러나 예수님은 바로 다음 절에서 매섭고 예리하게 역습하신다.

"그러나 너를 책망할 것이 있나니 너의 처음 사랑을 버렸느니라"(계 2:4).

나는 이 구절을 연구해나가면서 점점 더 불안해졌다. 에베소교회 지도자는 예수님에게 많은 부분에 대해 칭찬받았지만, '처음 사랑'에 관해서는 칭찬받지 못했다. 게다가 나의 사역은 그의 사역에 상대도 안 된다. 그런데 이것으로 인해 예수님은 "네 촛대를 그 자리에서 옮기리라"(계 2:5)라고 경고하셨다. 나는 이 점에 당황했다. 에베소교회는 활기차고 건강해 보였다. 우리 교회들 중에 에베소교회에 비교할 수 있는 교회가 있을까? 그러나 예수님은 단지 그 교회에서 '처음 사랑'을 찾지 못하셨다는 이유만으로 그 교회를 잘라내는 일도 불사할 작정이셨다.

말씀이 주는 답

나의 사역 전체에 먹구름이 자욱하게 내려앉았다. 내가 아무리 칭찬받을 만한 사역을 한다 해도 '처음 사랑'이 없으면 결국 심판받으리라는 점을 분명하게 깨달았기 때문이다. 정말이지, '처음 사랑' 안에 머무는 삶에 기본적이고 결정적인 무언가가 달려 있었다. 하나님께서 그런 삶을 매우 중요하게 여기셨기 때문이다. 게다가 나는 이 '처음 사랑'이 없으면 참된 열매 맺기를 기대할 수 없고, 어린양의 영광스러운 혼인 잔치에 참여할 준비도 갖출 수 없다는 점도 깨달았다. 그래서 어떤 대가를 치르더라도 그 사랑을 소유하기를 가장 깊이 갈망하기 시작했다. 그 '처음 사랑'은 대체 무엇이며, 예수님은 왜 그것을 그렇게 높이 평가하셨을까? 주님은 '처음 사랑'이라는 말씀으로 무엇을 의미하고자 하셨을까? 왜 그 사랑을 잃은 사람 때문에 그리도 몹시 아파하셨을까?

나는 기도하다가 마침내 답을 얻었다. 그 대답은 고린도전서 13장을 통해 왔다. 고린도전서 13장이 직접적으로 다루는 주제는 이웃을 향한 사랑과 관계이다. 여기에서 묘사하고 있는 사랑의 뚜렷한 특징은 언제나 다른 사람들을 향해 나간다는 점이다. 그것은 영웅심리나 이상론에서 비롯된 사랑이 아니다. 그 사랑은 "내게 있는 모든 것으로 구제하고 또 내 몸을 불사르게"(고전 13:3) 내어줄지 모른다. 그러나 그 사랑은 본질적으로, 비록 본인이 알아차리지 못할지라도, 나의 자아를 드러내는 것을 염두에 둔다. 그 점이 해답의 실마리였다.

나는 고린도전서 13장을 묵상하면서 예수님이 '처음 사랑'이라는 말씀으로 의미하고자 하신 바를 깨달았고, 요한계시록 2장에서 예수님을 믿는 이들에게 요구하고 계신 것이 무엇인지를 이해했다. 그것은 자기 자신을 위해 무엇을 얻으려고 하지 않는 사랑과 관련이 있었다.

그러나 또한 그것은 이웃들을 찾아나서는 사랑을 뛰어넘었다. 왜냐하면 '처음 사랑'은 이웃을 향한 사랑 그 이전에 어떤 분(a Person), 즉 우리의 첫째가는 사랑을 받으실 만한 유일하신 분을 사모하는 사랑이기 때문이다. 즉 '처음 사랑'은 우리 주 예수 그리스도와 개인적으로 맺는 친밀한 사랑의 관계이다.

무언가가 빠져버렸다

내가 이것을 깨닫자 하나님의 영은 내 삶의 주의를 다른 곳으로 돌리도록 이끄셨다. 나는 분명히 예수님을 나의 주님과 구주로 믿었다. 나는 예수님을 믿음으로 영접했다. 나는 예수님을 사랑하는 마음으로 예수님을 섬기는 데 전심전력했다. 나의 인생을 예수님 마음대로 쓰실 수 있게 해 드렸다. 나는 예수님의 증인이었다.

그랬는데,

그랬는데!

처음에는 진상을 거의 알아차리지 못하고 그냥 지나갔

다. 그러나 시간이 지나면서 그 사랑, 예수님의 마음을 유일하게 흡족하게 해드릴 수 있는 '처음 사랑'이 서서히 식어 갔다.

이를 아내와 남편의 관계에 비교해도 좋겠다. 아내는 한때 남편을 아낌없이 사랑했다. 오직 남편만을 사랑했다. 그렇게 몇 해가 흐른다. 아내는 결혼 생활을 유지하며 여전히 충실하게 남편을 섬기고, 남편에게 필요한 부분들에 마음을 쓰며, 심지어 가정사의 책임과 부담을 남편과 충분히 나누어 감당한다. 그러나 남편은 무언가가 빠졌다고 느낀다. 처음 사랑을 지녔던 신혼 시절에는 아내가 남편과 개인적으로 친밀한 관계를 맺었지만 이제는 그렇지 않다. 아내는 남편과 단 둘이 있으려는 의욕을 더 이상 보이지 않는다. 남편과 가까워질 수 있는 기회들을 피한다. 아내는 일하는 데 시간을 쏟으며 전에 남편과 친밀하게 교제하면서 행복해했던 만큼이나 행복해한다. 사실상 아내는 자기 일에 전적으로 몰두한다. 그러면서 '모두가 다 남편을 위한 것'이라고 스스로에게 말한다.

나는 주 예수 그리스도와 나의 관계가 시간이 흐르면서 서서히 파괴되어 단조로운 결혼 생활 같은 무언가로 변했다는 사실을 깨달았다. 주일이나 휴일에 약간 시간이 나면 나는 어떤 일을 했던가? 좋아하는 사람들, 공감대를 이루는 사람들과 어울려 아이디어와 경험담을 나누고 싶어 근질근질했다. 혹은 힘을 내도록 격려하는 책을 읽었다. 혹은 자연을 마음껏 누리려고 외출했다. 심지어 평소 시간이 부족해 하지 못했던 일들을 하면서 나의 일에 더 빠져들기도 했다. 그러면서 예수님에게 가는 것, 나의 여유 시간에 대한 주도권을 주님께 먼저 드리는 것, 그것은 하지 않았다.

  나의 사랑은 나뉜 사랑이었다. 나는 예수님에게 사랑을 드리는 것 못지않게 다른 사람들 몇 명 혹은 특별한 관심사에도 사랑을 나눠주었다. 규칙적으로 경건의 시간을 가질 때 조용히 기도하면서 예수님과 나 사이의 사랑을 표현하면 좋았으련만, 나는 조용히 기도할 시간을 찾으려 하지 않았다. 내게는 예수님과 단 둘이 더 많은 시간을 보내고자 하는 의욕이 없었고, 예수님이 중요하게 여기시는 관심사에 대해 듣기를 원하지 않았다. 예수님을 기쁘게 해드리려는 깊은 갈망이 없었다. 경건의 시간 동안 나의 생각은 여기저기 정처 없이 방황했고, 그럴 때면 어떤 주제에도 집중하지 못했다. 나의 발도 마찬가지였다. 한가한 시간이 나자마자 단숨에 어디론가 가곤 했지만, 기도하기 위해 조용한 장소로 가본 적은 한 번도 없었다. 그러나 예수님이 나를 기다리고 계신 곳은 바로 그곳이었다.

걷히는 혼란의 구름

진실한 사랑은 자기가 사랑하는 이를 열렬히 찾는다. 그것이 예수님이 하시는 일이다. 예수님은 성경이 말하는 대로 사랑이시기 때문이다.

"하나님은 사랑이심이라"(요일 4:8).

예수님은 우리를 열렬히 찾으신다. 그러면서 결국에는 우리가 사랑하는 마음으로 예수님을 찾아가기를 기다리신다. 예수님은 예수님을 찾는 사랑, 오직 예수님만 찾는 사랑을 기다리신다. 우리의 사랑을 제외한 그 무엇도 예수님의 마음을 흡족하게 해드리지 못한다.

열정적으로 일에 전념하는 태도는 중요하다. 맡은 일을 끈기 있게 감당하는 태도도 중요하다. 악을 미워하고 절대로 타협하지 않는 태도도 중요하다. 그리스도인에게는 이런 태도가 언제나 필요할 것이다. 그렇지만 이런 태도만으로는 예수님을 만족하게 해드릴 수 없다. 예수님은 더 원하신다. 예수님은 우리가 개인적 차원에서 진심으로 예수님에게 마음을 드리기 원하신다. 그러나 딱 한 번, 용서와 구원의 은혜를 처음 체험할 때만 드리기를 원하시는 것은 아니다. 절대 아니다. 예수님은 우리가 수시로, 매일 아침 새롭게 예수님에게 우리의 마음을 드리기 원하신다.

이것이 바로, 내가 에베소교회에 주신 주님의 메시지를 요한계시록 2장에서 읽었을 때 나의 삶에 도전을 준 진리이다. 요한계시록 2장이 말하는 예수님을 향한 사랑은 '하나님을 향한 사랑'이라는 일반화된 개념과 같지 않다. 사람들은 하나님을 향한 사랑과 관련해서 아주 흐릿한 개념만 갖고 있는 경우가 많다. 그것은 우리 마음을 차지하려고 치열하게 다투는 많은 사랑 중 하나일 뿐이다. 그러나 에베소교회에 주신 말씀에서 예수님이 의미하신 바는 매우 명백하다. 예수님은 다른 어떤 대상을 향한 사랑도 따라오지 못하는 독보적인 사랑, 진짜로 '첫째가는 사랑'(first love)을 의미하신 것이다.

이 주제를 놓고 기도하는 동안에 불확실하고 혼란스러운 구름이 걷히기 시작했다. 나는 이 주제와 관련해서 오직 한 가지 종류의 사랑, 즉 신랑을 향한 신부의 사랑만이 의미를 가질 수 있다는 것을 깨닫기 시작했다. 신랑을 향한 신부의 사랑을 정확히 떠올릴 때 '처음 사랑'이 지닌 '첫째가는'의 의미를 살려 말할 수 있기 때문이다. 신랑을 향한 신부의 사랑을 마음으로 그려보면 예수님이 '처음 사랑'이라는 말로 의미하고자 하신 바를 더 깊이 이해할 수 있다.

내가 바로 그런 사람이었다

신부의 '첫째가는 사랑'에 대해 생각하는 동안, 슬픔이 나의 마음속으로 기어들었다. 그 사랑이 보이는 뚜렷한 한 가지 특징 때문이었다. 그것은 '그 사랑은 오직 신랑에게만 관심을 쏟는다'는 것이었다. 신부의 모든 생각은 오직 신랑으로 가득하다. 신부의 모든 순간은 오직 신랑으로 가득하다. 신부의 마음은 오로지 신랑만을 그리워한다. 그러나 예수님을 향한 나의 사랑을 관찰했을 때 그런 그리움, 그런 절대성(absoluteness)은 조금도 없는 것 같았다.

신랑을 향한 신부의 사랑은 오직 하나에 모든 것을 집중하는 사랑이다. 그 사랑은 다른 모든 것을 포기한다. 신랑을 향한 신부의 사랑은 도를 넘는 사랑, 아끼지 않는 사랑, 앞뒤를 재지 않는 사랑이다. 그렇기에 그 사랑은 어리석은 행동도 한다. 신랑을 향한 신부의 사랑은 희생적인 사랑이다. 그 사랑은 사랑하는 이에게 모든 것을 다 내어준다. 만일 어떤 사람이 이 모든 것, 즉 신랑을 향한 신부의 사랑을 특징짓는 이 요소들을 예수님을 향한 나의 사랑에서 찾아내려 했다면 허탕을 칠 수밖에 없었을 것이다.

하나님 말씀의 검(劍)이 나의 마음을 점점 더 깊이 파고들었다. 하나님의 영을 통해 내가 어떤 것 하나, 모든 것들 중에서 가장 중요한 것, 예수님이 가장 중요하게 여기시는 것을 정말로 잃어버렸다는 점을 깨우쳐주셨다. 그것은 나의 '처음 사랑', 예수님을 향한 친밀하고 개인적인 사랑이었다.

지난날을 생각해보면, 나는 내가 신앙의 규율과 질서를 잘 잡았다고 자랑스러워하기도 했고, 따라서 모든 것을 잘 정돈해놓았다고 결론짓기도 했던 것 같다. 나는 많은 그리스도인과 마찬가지로, 주님을 향해 처음 품었던 사랑을 점차 잃어가는 것을 당연하게 여겼다. 나는 바람직한 결혼 생활에서처럼 그 사랑이 서서히 사라져 더 현실적이고, 더 도리에 맞고, 더 실제적이고, 더 분별력 있는 성숙한 사랑으로 대체되고 있다고 생각했다. 그러나 그건 착각이었고, 나는 그런 착각 속에서 살고 있었다.

그러나 이제, 나의 눈을 덮고 있던 비늘이 떨어져나갔다. 정확히 말해서, 예수님을 향한 나의 사랑은 도리에 맞는 실제적인 사랑에 이르지 못했다. 나의 죄, 즉 내가 예수님의 명령을 진지하게 받아들이지 않았다는 점이 하나님 말씀의 빛 아래서 적나라하게 드러났다. 왜냐하면 예수님이 다른 모든 것보다 예수님을 위에 놓는 사랑, 온 힘을 다해 예수님을 사랑하는 사랑, 존재 전체와 가진 것 모두를 예수님에게 쏟는 사랑을 요구하셨기 때문이다.

정말로 도리에 맞게 실제적으로 예수님을 사랑하는 사람이 누구일까? '처음 사랑'을 잃지 않은 사람만이 그렇게 예수님을 사랑한다. 도를 넘는 그 사랑, 어리석은 그 사랑을 잃지 않은 사람만이 도리에 맞게, 실제적으로 예수님을 사랑하는 것이다. 나는 그 점을 분명히 깨달았다. 왜냐하면 그렇게 사랑하는 사람만이 '첫째 되는 계명'(First Commandment, "네 마음을 다하고 목숨을 다하고 뜻을 다하여 주 너의 하나님을 사랑하라"라는 예수님의 계명, 마 22:37,38 참고)에 순종하기 때문이다.

어떤 사람이 예수님을 실제로 '과도하게' 사랑하는 게 가능할까? 무한대로 사랑해주시는 그분을 향한 사랑을 덜어내도 무방한 것일까? 그러나 그분을 향한 사랑을 덜어내는 짓, 바로 그것이 내가 한 짓이었다. (나는 점점 덜어내곤 했다.) 왜 그랬을까? 내가 더 이상 예수님의 사랑에 사로잡히지 않았기 때문이다. 내가 더 이상 눈부시게 아름다우신 예수님을 중심으로 살지 않았기 때문이다. 그렇게 예수님을 향한 나의 사랑은 차갑게 식었다. 따라서 "너는 처음 사랑을 버렸다"라는 요한계시록 2장 4절 말씀은 나의 삶에 대한 판결로 유효했다.

회개와 사랑의 마음을 주소서

나는 몹시 상심해서 '처음 사랑'의 회복을 갈망하기 시작했다. 갈망할 뿐 아니라 기도하면서 간절하게 청했다. 나는 어떤 대가를 치르더라도 그 사랑을 품어야 한다는 것을 알았다. 그 사랑을 품지 못하면 어린양의 혼인 잔치에 들어가지 못하고, 닫힌 문밖에 선 채로 남겨진다는 점이 명백했기 때문이다. 나는 그 사랑 안에 거해야 한다. 그렇지 않으면 예수님을 위한 나의 모든 봉사가 심판 아래 놓일 것이다. 예수님이 나의 촛대를 옮기실 것이다. 포도나무 가지가 포도나무에 붙어 있어야 하듯 예수님의 사랑 안에 머물러야 하는데, 그렇게 못했기 때문에 예수님이 나를 열매 맺지 못하는 가지처럼 불에 던지실 것이다. 또한 나는 생명이 사랑에 달려 있다는 점을 깨달았다. 예수님을 향한 사랑으로 일상을 감싸야 다른 사람들의 삶에 생명을 낳는 삶을 살 수 있다.

'처음 사랑'의 회복을 위해 더 강렬하게 갈망하고 기도하면서 내가 왜 그 사랑을 잃었고, 왜 그리 간절하게 찾으려 애쓰는지 이해하기에 이르렀다. 무엇보다 먼저, 나는 마음을 여기저기 나눠주었다. 온 마음을 다해 예수님을 사랑해야 하는데 그렇지 못했다. 게다가 또 다른 큰 장애물 하나가 나의 길에 놓여 있었다. 자기의(self-righteousness), 즉 스스로 의롭다고 자부하는 태도였다. 그래서 나를 겸손하게 낮춰주시길 구하고 상한 심령을 주시길 기도하기 시작했다. 나는 누가복음 7장에 나오는 죄 많은 여인에 대해 생각했다. 그녀는 예수님의 발 앞에 엎드려 흐느껴 울었다. 그런 다음 예수님의 용서의 은혜에 감사하는 마음으로 큰 사랑을 예수님에게 쏟아부었다. 나는 그렇게 회개하고 사랑할 수 있게 해달라고 기도했다.

주님은 나의 기도에 응답하셨다. 주님은 주님의 뜻에 합당한 기도에 언제나 응답하신다. 그리고 죄를 뉘우치는 마음을 구하는 기도는 언제나 주님의 뜻에 합당하다. 이후 몇 해 동안, 하나님께서는 많이 심판하고 징계하면서 나를 이끄셨다. 나의 마음을 겸손하게 꺾는, 감당하기 어려운 심판과 징계였다. 나는 죄 때문에 슬프게 흐느끼는 법을 배웠고, 속수무책의 죄인으로서 영적으로 하나님과 사람들의 발 앞에 엎드렸으며, 사람들에게 죄를 지으면 진정으로 회개하면서 그 사람들 앞에 나를 겸손히 낮추었다. 그리고 하나님께서는 내가 하나님의 심판을 받아들이는 정도에 따라 우리 주님을 향한 사랑을 허락해주셨다.

가장 큰 소망, 처음 사랑

이렇게 예수님을 사랑하는 법을 배우자 생활이 말할 수 없을 만큼 풍성해졌고 정말 행복했다. 예수님 안에는 모자람 없는 만족이 있다. 성경은 예수님의 사랑에 대해 "사랑아 네가 어찌 그리 아름다운지, 어찌 그리 화창한지 즐겁게 하는구나"(아 7:6)라고 기록한다. 그런 분을 사랑하는 것은 놀라운 특권이다. 괴로움을 겪고 내 십자가를 지는 삶이 더 이상 질식할 것처럼 답답하게 느껴지지 않았다. 마침내 십자가의 길로 걷는 삶을 배웠기 때문이다. 나를 향한 예수님의 사랑과 예수님을 향한 나의 사랑이 나의 십자가를 완전히 바꿔놓았다.

예수님을 향한 사랑이 크게 자라면서 다른 사람들과 이 세상에 속한 것들은 나의 삶에서 중요성을 잃어갔다. 나는 더 이상 그런 것들에 얽매이지 않았다. 이런 의미에서 나는 "이 세상이나 세상에 있는 것들을 사랑하지 말라"(요일 2:15)라는 사도 요한의 말을 이해할 수 있었다. 나는 세상이 주거나 앗아갈 수 있는 어떤 것에도 점점 더 구애받지 않게 되었다. 나에게는 예수님이 가장 중요했다.

하늘의 문이 점점 더 넓게 열렸다. 하늘의 영광이 눈부시게 빛났다. 우리는 성경이 "위의 것을 찾으라 … 그리스도께서 … 계시느니라"(골 3:1)라고 말한 바로 그것을 기대해야 하지 않을까? 예수님은 하늘에서 살아가신다. 그렇기에 그분을 찾다보면, 거기 하나님 우편에서 발견하게 될 것이다. 그리고 그분을 발견하면 하늘 전체를 발견하게 될 것이다.

하늘만이 아니라 땅도 새로운 선물로 내게 다가왔다. 하늘과 땅, 둘 다 예수님에게 속하기 때문이다. 신부는 신랑에게 속한 모든 것을 사랑할 수밖에 없다. 주를 사랑하는 영혼은 예수님이 소유하신 모든 것을 사랑한다. 예수님의 하늘과 땅, 예수님이 창조하신 세상, 예수님이 창조하신 모든 피조물, 예수님이 사랑과 관심으로 에워싸시는 그 모든 것, 특히 예수님이 생명을 던져 살리신 인간, 그리고 무엇보다 예수님의 몸인 교회에 속한 모든 형제자매를 사랑한다. 예수님의 신부인 교회의 사랑은 거기서 멈추지 않는다. 교회는 거기에서 더 나아가 원수들, 즉 예수님이나 우리를 반대하는 사람들을 사랑하는 법도 예수님에게 배운다.

'처음 사랑!' 그것에 견줄 만한 은사가 있을까? 그보다 더 큰 소망을 가질 수 있을까? 있는 그대로 말해서, '처음 사랑'을 지닌 사람은 여기 땅에서 천국을 미리 맛본다. 그 사랑을 지닌 사람은 하나님을 사랑하는 이들을 위해 준비해두신 천국의 영광, 곧 어린양의 혼인 잔치를 향해 사랑의 날개를 타고 날아오른다.

이어지는 내용들은 나의 개인적 체험에서 이끌어낸 것들

이다. 나는 이제 이미 앞에서 말했던 요점, 즉 예수님을 향한 신부의 사랑이 우리 삶의 알파와 오메가가 되어야 한다는 점을 다양한 측면으로 언급하려 한다.

CHAPTER 2

우리를 향한 주님의 사랑

측량 못할 사랑

처음 사랑, 전적으로 예수님을 향한 이 사랑은 사실 우리를 향한 예수님의 사랑에서 비롯된다. "우리가 사랑함은 그가 먼저 우리를 사랑하셨음이라"(요일 4:19).

그런데 우리에게 사랑을 주신 그분은 누구실까? 예수님은 누구실까? 예수님은 그 어떤 인간이 마음으로 파악하고 생각으로 이해할 수 있는 이상이시다. 시편 기자는 예수님에 관해 "당신은 인간의 아들들 중에서 가장 아름다우시며"(시 45:2, RSV 역자 사역)라고 말한다.

예수님은 하나님의 아들이시다. 예수님은 하나님의 영광을 나타내신다. 예수님의 광채가 새 예루살렘을 비춘다. "어린양이 그 등불이 되시기"(계 21:23) 때문이다. 예수님은 능력의 말씀으로 우주를 지탱하신다. 예수님은 하나님의 본성과 똑같은 특질을 지니고 계신다.

예수님은 정말로 찬란하고 장대하신 분이기에 모든 천사가 예배하고 흠모한다. 예수님은 크고 강력하게 일하시는 분으로, 우주 전체를 창조하셨다(히 1:1-6). 정말로 예수님은 '만왕의 왕'(King of Kings)이시며, '만주의 주'(Lord of Lords)이시다.

변하지 않는 사랑

그러나 그분, 왕이시며 주님이신 예수님을 다시 보라. 겸손하고 초라한 예수님을 보라. 예수님이 하늘의 영광을 떠나신다. 인간의 자녀들, 죄인들에게로 오신다. 그들은 예수님을 원하지 않고 받아들이지 않을 것이다. 그래도 예수님은 오신다. 그들의 육신과 피를 그대로 지니고 오셔서 그들 가운데로 걸으신다.

"형제라 부르시기를 부끄러워하지 아니하시고"(히

2:11).

예수님은 사랑으로 그들을 창조하셨다. 그러나 그들은 그에 대한 답례로 예수님을 미워했다. 그래도 예수님은 여전히 그들을 사랑하신다. 결국 그들은 예수님을 지독하게 고문한다. 비웃고 조롱한다. 십자가에 못 박는다. 그래도 예수님은 그들을 사랑하신다.

예수님은 그들에게 거듭 사랑과 연민의 말씀을 건네신다. 예수님의 사랑은 어리석은 사랑이다. 예수님의 사랑은 자기를 짓밟는 이들을 아낌없이 사랑하는, 도를 넘는 사랑이다. 예수님의 사랑은 모든 것을 내어주는 사랑이다.

만일 예수님이 한 마디만 하셨다면 대적하는 모든 자가 예수님 발 앞에 고꾸라졌을 것이다. 그들은 예수님에게 맞서 온갖 종류의 증오와 악행을 토해냈다. 그런데도 예수님은 한 가지 반응만 보이신다. 사랑이다. 얼마나 무모한 사랑인가! 예수님은 사랑하는 것 말고는 아무것도 못하신다. 자녀들을 향한 사랑에 빠지셨기 때문이다.

예수님은 오늘날에도 이와 동일하게 우리를 사랑하신다. 우리는 예수님의 사랑에 보답하지 않는다. 예수님의 사랑에 부응하지 못한다. 예수님의 사랑을 저버린다. 그래도 예수님은 여전히 사랑하신다. 불쾌한 일을 당해도 계속 사랑하신다. 제자들에게 버림받아도 그들을 사랑하셨고, 사람들에게 거부당해도 그들을 사랑하셨듯이 우리를 계속 사랑하신다. 그 사랑으로 우리를 변화시킬 때까지 계속 사랑하신다. 예수님은 우리를 사랑하려고 살아가신다.

예수님의 본성 전체를 단 하나의 단어로 이해할 수 있다면, 그것은 '사랑'이다. 예수님의 모든 말씀의 의미를 단 하나의 단어로 밝힐 수 있다면, 바로 '사랑'이다. 그 모든 말씀이 사랑의 마음에서 나오기 때문이다. 대낮의 태양처럼 밝은 예수님의 얼굴에서 사랑이 흘러나온다. 예수님의 손과 발과 옆구리의 상처들도 사랑을 말한다. 예수님은 우리를 사랑하셨기 때문에 고난당하셨다. 인간의 자녀들, 사탄의 죄수들이 어둠의 사슬에 결박되어 비참하게 살고 있었다. 예수님은 그들을 사랑과 복된 예수님의 나라로 감싸시려고 십자가 고난을 통해 건지셨다.

기다리시는 사랑

예수님은 하늘의 보좌에 앉아 계신다. 그러나 예수님은 그런 왕의 영광을 자신만을 위해 소유하지 않으신다. 예수님은 자신이 받으시는 찬양, 자신의 나라, 자신의 능력을 우리에게 나눠주신다. 사랑의 예수님은 과거에 예수님의 원수였던 우리가 이제 예수님 편에 서기를 원하신다. 예수님은 사랑이시기 때문이다.

예수님은 자신의 생명을 희생의 제물로 바쳐 십자가에서 죽으셨을 때 죽은 자 가운데서 일어나셨고, 높은 곳에 계신 지극히 크신 분의 오른편에 앉으셨다. 예수님은 거기에서 기다리신다. 예수님에게 맞서는 모든 사람이 예수님 발 앞에 무릎 꿇을 때까지 참고 사랑하며 기다리신다. 우리의 아낌없는 사랑만이 예수님의 사랑을 만족시킬 수 있다. 예수님은 주님에게 맞서는 사람들을 짓밟지 않으신다. 고개를 조아리고 경의를 표하라고 강한 힘으로 누르지 않으신다. 다만 기다리신다.

어떤 사람이 우리의 사랑을 아무리 애타게 기다린다 해도 예수님은 그 이상으로 기다리신다. 예수님은 인간과 완전히 다른 방식으로 우리의 사랑을 기다리신다. 왜냐하면 우리가 그분에게서 나왔기 때문이다. 성경은 "우리는 그 몸의 지체임이라"(엡 5:30)라고 말한다. 예수님은 우리가 주님 사랑에 반응하고 그에 보답해서 예수님을 사랑하도록 우리를 속량하셨다.

사람들도 얼마 동안은 우리의 사랑을 기다릴 것이다. 그러나 그들은 어느 순간에 이르면 더 이상 기다리지 못한다. 그들은 방향을 바꿔, 사랑할 다른 누군가를 찾는다. 그러나 우리 주 예수님은 그렇지 않으시다. 그 누구도 우리를 향한 예수님의 사랑을 헤아릴 수 없다. 예수님은 오직 우리의 사랑만 기다리신다. 인간적인 표현으로 말하자면, 우리는 예수님의 '하나뿐인 유일한' 사랑이다. 그래서 예수님은 기다리신다. 몸소 피 흘려 속량하신 사람들에게서 예수님의 사랑에 화답하는 사랑의 메아리가 들려올 때까지 인내하면서 자신을 낮추고 기다리신다. '처음 사랑'의 메아리, 신부의 사랑의 메아리가 들려올 때까지 줄곧 기다리신다.

비할 데 없는 사랑

예수님의 사랑은 비할 데 없이 독보적이다. 어느 누구도 예수님처럼 사랑하지 못한다. 인간이 지닌 그 어떤 사랑에서도 예수님의 사랑에서 볼 수 있는 강렬한 힘과 열정을 보지 못할 것이다. 인간이 지닌 그 어떤 사랑에서도 우리 주 예수님의 깊고 다정한 사랑을 발견하지 못할 것이다. 신부를 향한 신랑의 가장 다정한 사랑이나, 자녀를 향한 엄마의 가장 깊은 사랑도 예수님의 사랑을 흐릿하게 나타낼 뿐이다. 그런 사랑은 사실 우리를 향한 예수님의 사랑에서 비롯된 것이기 때문이다. 어떤 부모나 신랑도 예수님만큼 창의적으로 사랑하지 못하며, 주의를 기울여 사랑하지 못하며, 사랑받는 이에게 축복과 유익을 주지 못한다.

우리가 예수님에게 사랑받는 것의 의미를 제대로 이해할 수나 있을까? 인자(Son of man)이신 예수님, 왕이며 주님이신 예수님, 신랑이신 예수님, 우리 영혼의 친구이신 예수님에게 사랑받는다는 것이 무엇을 의미하는지 이해할 수 있을까? 예수님은 주를 사랑하는 이들에게 정말로 복락의 강물을 주어 마시게 하신다(시 36:8). 예수님은 그 어떤 인간도 따라할 수 없는 방식으로 우리 인생을 사랑으로 축복하신다.

15세기 이탈리아의 수도자 프랜시스(St. Francis of Assisi)는 이러한 예수님의 사랑에 어떤 축복의 능력이 있는지 자신의 삶을 통해 입증했다. 그 능력은 그의 회심 기록에서 이미 나타났으며, 그의 평생 동안 되풀이해서 나타난다.

한 사교 클럽의 지도자로 뽑힌 23세의 프랜시스가 어느 날 저녁 호화스러운 파티를 열었다. 파티가 끝난 뒤, 그들은 노래를 부르며 구불구불한 마을 길을 걸어갔다. 프랜시스는 클럽 지도자를 상징하는 지팡이를 공중에 높이 들고 걷고 있었는데, 갑자기 프랜시스가 일행 뒤쪽에서 넘어졌다. 그는 더 이상 노래하지 않았고 깊은 생각에 빠져들었다. 그 순간 주님이 그를 어루만지셨기 때문이다. 달콤한 느낌이 그의 마음에 홍수처럼 밀려들었다. 정말로 달콤한 느낌이어서 그는 말도 하지 못했고 움직이지도 못했다. 그는 그 느낌 외에 아무것도 느끼지 못했다. 다른 무엇도 현실로 느껴지지 않았다. …
친구들이 고개를 돌려 그를 보았다. 저 먼 거리에 그가 쓰러져 있었다. 친구들은 급히 걸음을 돌려 그에게로 달려갔다. 거리가 가까워짐에 따라 그들은 깜짝 놀라 눈이 휘둥그레졌다. 프랜시스가 다른 사람으로 변한 것 같았기 때문이다.
"어떻게 된 거야?"

한 친구가 물었다.

"무슨 일인데? 왜 여기 이러고 있어? 아리따운 아가씨라도 봤어? 집에 데려다주고 싶은 아가씨라도 본 거야?"

"그래 맞아."

프랜시스가 대답했다. 그의 목소리가 왠지 모르게 파르르 떨렸다.

"정말로 아름다운 아가씨야! 내가 생각하고 있던 그 아가씨는 집까지 바래다주고 싶은 아가씨이고, 자네들이 여태껏 본 어떤 아가씨보다 더 기품 있고 귀하고 사랑스러워."

친구들은 프랜시스를 비웃었다. 그러나 그것은 프랜시스가 제멋대로 꾸며낸 말이 아니라 하나님의 영감에서 나온 말이었다. 왜냐하면 그가 말한 '아가씨'란 하나님을 향한 진실한 예배와 경배였기 때문이다. 나중에 프랜시스는 이 아가씨에게 푹 빠지곤 했다. 그녀는 비록 가난했지만 화려한 다른 어떤 여자보다 더 기품 있고 귀하고 사랑스러웠다. …

그것은 '엄청나게 값진 진주'였다. 프랜시스는 그녀를 얻으려고 모든 것을 다 팔곤 했다. 그리고 조롱하는 사람들의 시선으로부터 그녀를 보호하기 원했기에 종종, 사실은 매일 예수님의 달콤함에 이끌려 조용한 기도의 장소로 가곤 했다.

_ 오토 카러(Otto Karrer)의 《Francis of Assisi: Legends and Tales》 중에서

예수님이 단지 달콤하고 기쁜 사랑으로만 우리의 목마름을 풀어주시는 것은 아니다. 예수님은 거기서 더 나아가, 우리가 인간의 사랑으로는 더 이상 위로를 얻지 못하고 기운을 내지 못하는 곳, 괴로움의 한가운데 있을 때 당신의 사랑으로 위로하고 기운을 북돋우신다. 예수님이 우리 삶에 오셔서 사랑을 부으시면 절망이 기쁨으로 바뀐다. 비록 우리가 엄청난 고통 속에 괴롭게 살더라도, 예수님은 우리 삶에 임하셔서 천국을 미리 맛보는 삶으로 바꿔놓으실 수 있다.

고통을 녹이시는 사랑

내 평생에 유별나게 힘들었던 한 해가 생각난다. 나의 영적인 딸들 중 한 명이 몇 개월 동안 고통으로 괴로워하다 일찍 세상을 떠나고 말았다. 마음 깊이 아끼고 사랑한

딸이었다. 그녀가 괴로워할 때면 나의 심장이 찢어지는 것 같았다. 그녀를 어루만져달라고 내가 얼마나 간절히 주께 기도했던가! 주님이 그녀를 어루만져주실 것이라고 얼마나 굳게 믿었던가!

몇 개월 후, 우리의 젊은 자매 한 사람이 전시에 봉사하다 얻은 중한 질병으로 죽음의 문턱에 이르게 되었다. 우리는 매우 가까운 사이였다. 그녀는 우리 자매회의 모든 짐을 나와 함께 나눠 진 자매였다. 그 사건은 그녀의 괴로움과 고통을 나의 마음에 품고서 아무 도움도 주지 못한 채 몇 주일 동안 사랑하는 '딸'의 병상 옆을 지키는 것을 의미했다. 그리고 하나님께서는 또다시 우리의 기도에 침묵으로 응답하셨다. 하나님께서는 그녀를 죽음의 손에 내어주셨다. 아직 앞길이 창창한 그 자매를 집으로 부르셨다.

하나님의 징계의 시간은 그것으로 끝나지 않았다. 나도 몇 주일 동안 계속된 긴장과 고통에 타격받아 중한 병을 얻고 말았다. 게다가 우리 자매회의 사역도 극복하기 어려운 장애에 부닥친 듯 보였다.

인간적으로 말하면 모든 것이 암울했다. 우리는 또 한 사람의 영적인 자매를 땅에 묻어야 했다. 나는 그녀와 매우 가까운 사이였기 때문에 그녀의 죽음에 특히 큰 충격을 받았다. 그러나 바로 그때, 나는 예수님 자신이 사랑하시는 사람을 어떻게 위로하실 수 있는지 체험했다.

그 자매의 관은 자매회 예배당에 놓여 있었고, 나는 쇠약하고 아픈 몸으로 침상에 누워 있었다. 당시 우리 자매회가 직면했던 어려움이 큰 파도처럼 내 앞에 솟아올랐고, 슬픔은 육중한 바위처럼 마음을 짓눌렀다. 그때 예수님이 가까이 오셔서 말씀하셨다.

"내가 네게로 가마."

예수님이 눈에 보이지는 않았지만, 실제로 임하여 계시다는 것을 명백하게 알 수 있었다. 예수님의 사랑이 나의 마음에 홍수처럼 밀려들어 기쁨과 위로로 가득 채웠다. 이토록 분명하게, 예수님이 사랑으로 가까이 오실 때 우리에게 무슨 일이 일어나는지를 나에게 깨우쳐주셨다. 예수님이 사랑으로 가까이 오실 때 우리 마음이 기운을 얻고, 절망에 빠졌던 영은 회복된다. 내가 극심하게 고통스러워할 때 하늘이 열렸고, 어려움에 처한 나를 만나기 위해 예수님이 몸을 낮게 굽히셨다. 충만한 하늘의 기쁨이 나의 슬픔 속으로 파고들었다.

그 자매의 장례식은 여느 경우와 많이 달랐다. 예배당에서도, 묘지 옆에서도 부활과 천국에 관한 찬양이 흘러넘쳤다. 다른 많은 사람들도 그런 장례식을 경험해본 적이 없었다고 훗날 이야기했다. 천국의 기쁨이 가득해서 슬픔과 비통함을 녹여 사라지게 한 장례식이었다.

그렇다. 예수님의 위로의 사랑 아래서는 슬픔과 비통함이 녹아 사라진다. 많은 사람이 천국의 이런 현실을 체험하고 간증했다. 심지어 그 자체로 지옥을 미리 맛보게 된다는 강제수용소와 감옥에서도 그랬다. 예수님을 사랑하는 심령이 마음을 열고 예수님이 임하여 계신다는 사실을 받아들이는 곳에서는 천국이 현실이 된다. 천국의 본질이 예수님이 임하신 곳으로 들어가는 것이기 때문이다. 예수님이 사랑의 주님으로 우리에게 오시는 곳에서는 모든 것이 빛이 된다. 예수님이 세상의 빛이시기 때문이다. 눈부시게 빛나는 예수님의 얼굴을 바라볼 때 우리의 슬픔과 비통함은 치유 받는다.

우리는 고통당하는 사람이 왜 자기가 사랑하는 사람의 미소에서 위로받으려 하고, 심지어 그 사람 얼굴을 힐끗 보는 것으로 위로받으려 하는지 알고 있다. 사실, 고통당하는 사람은 자기가 사랑하는 사람에게서 다른 모든 것을 무색하게 하는 아름다움을 본다. 고통당하는 사람은 사랑하는 사람을 마음껏 바라볼 수만 있다면 돈과 소유들, 집과 친구들, 모든 것을 기꺼이 포기하려고 한다.

아름답기로 말하면 그 어떤 얼굴도 예수님 얼굴과 우열을 다투지 못한다. 밝기로 말하면 예수님 얼굴은 태양 같다. 예수님 얼굴에 대해 곰곰이 생각해볼 때 우리는 깊고 온화한 매력에 마음을 빼앗긴다. 우리 삶에 드리웠던 고통의 먹구름이 걷힌다. 예수님의 얼굴은 우리의 마음에 인간의 어떤 사랑보다 수천 배 더 강력한 사랑을 불러일으킨다. 어떤 사람은 그 사랑을 얻으려고 "모든 것을 잃어버리고 배설물로"(빌 3:8) 여긴다.

사랑에는 값이 있다

죄로 가득한 인간 존재들이 무한하고 광대하신 예수님의 은혜를 정말로 이해할 수 있을까? 예수님은 우리 쪽으로 그 마음을 향하신다. 그 마음, 예수님의 마음에서 나온 사랑이 우리를 온통 뒤덮는다. 그 마음은 우주의 중심이며 존재하는 모든 것의 원천으로 그 마음에서 세상 전체의 생명체를 살리고 지탱하는 사랑의 강물이 흘러나온다.

　어떤 사람이 당신에게 마음을 연다는 것이 지니는 의미를 생각해보라. 더욱이 그 사람이 지위가 높고 명성도 자자한데다 대단히 사랑스럽고 매력적이라고 상상해보라. 이것이 소망할 만한 일이라면, 예수님이 우리에게 그 마음을 여신다는 것은 무엇을 의미하는 것일까? 오직 사랑 자체인 그 마음을 가만히 응시하라! 이는 예수님이 마음을 열어주시는 이들의 행복이며 환희이다.

　과연 누가 우리 주 예수님의 사랑을 충분히 찬양할 수 있을까? 슬프게도 우리는 예수님의 사랑을 거의 찬양하지 않는다. 예수님의 사랑을 거의 모르기 때문이다. 그것은 "나를 사랑하는 자는 … 나도 그를 사랑하여 그에게 나를 나타내리라"(요 14:21)라는 말씀에서 보이듯, 우리가 예수님을 사랑하지 않기 때문이다. 예수님의 사랑을 알려면 값을 치러야 한다. 그분께 마음을 고스란히 드리는 것이 그 값이다.

　예수님의 사랑이 우리에게 무엇을 가져다줄까? 그것을 다 헤아리기는 불가능하다. 그것은 인간의 모든 기준을 초월한다. 하나님의 마음과 우리를 향한 하나님의 사랑이 하늘과 땅을 통틀어 가장 값진 보화이다.

우리는 이 세상과 장차 올 세상에서 오직 예수님의 사랑을 얻고, 예수님에게 사랑받고, 예수님이 보여주신 사랑의 마음을 지니는 것을 갈망하고 소망해야 할 것이다.

CHAPTER 3

그분을 향한 우리의 사랑

처음 사랑일까?

앞에서 우리는 예수님의 사랑에 관해 조금 살펴보았다. 예수님의 사랑은 빛나고 아름다우며, 고귀하고 웅대하며, 깊고 온화하며, 뜨겁고 강력하다. 그렇다면 예수님을 향한 우리의 사랑은 어떨까? 죄로 가득한 존재인 인간이 그런 사랑에 반응이라도 할 수 있을까? 우리는 가능할 리 없다고 생각하고 싶어 한다. 그러나 가능하다. 왜냐하면 하나님께서 우리를 하나님의 형상대로 창조하셨기 때문이다.

하나님께서는 우리를 친구로 택하셨다. 하나님께서 왜

아브라함과 모세를 하나님의 '친구'(사 41:8 ; 출 33:11)라고 일컬으셨는지 잠깐 생각해보자. 하나님께서는 가장 친밀한 사랑으로 교제하시려고 우리를 택하셨다. 하나님께서 왜 택하신 이스라엘 백성에게 "신랑이 신부를 기뻐함같이 네 하나님이 너를 기뻐하시리라"(사 62:5)라고 말씀하셨는지 다시 생각해보라.

예수님은 우리를 구속하시려고 이 땅에 오셨다. 예수님은 우리가 하나님을 기쁘게 해드리는 소명을 완수하고 "내가 네게 장가들어 영원히 살되"(호 2:19)라는 하나님 말씀의 진리를 체험할 수 있도록 우리를 구속하셨다.

예수님은 성령으로 말미암아 우리 마음에 하나님의 사랑을 쏟아부어줄 수 있도록 우리를 구속하셨다(롬 5:5).

예수님은 하나님의 사랑이 그 사랑의 불씨를 우리 마음에 지필 수 있도록, 다시 말해 불같은 하나님의 사랑과 같은 사랑을 하나님께 드리며 다른 모든 것을 무가치하게 여기는 사랑의 불씨가 우리 마음에 일 수 있도록 우리를 구속하셨다.

오직 한 사람을 향하는 사랑

순전히 인간적인 사랑의 '배타성'에 대해 생각해보라. 사랑에 빠진 여인은 삶 전체를 사랑하는 사람에게 집중한다. 오로지 그 사람만 처다보고 오로지 그에게만 귀를 기울인다. 그에게 마음을 다 줘버린다. 이런 배타성은 예수님을 향한 우리의 사랑에 훨씬 더 강하게 적용되어야 하지 않을까?

막달라 마리아가 좋은 본보기이다. 그녀는 예수님을 향한 넘치는 사랑의 소유자였다. 예수님의 사랑에 사로잡히기 전까지 그녀는 많은 남자를 '사랑했다'. 하지만 그녀는 예수님을 만난 뒤에 그 모든 애인에게 등을 돌리고 오직 예수님에게만 마음을 드렸다.

그녀의 행동은 예수님을 향한 사랑이 얼마나 철저하게 그녀를 지배했는지 증명한다. 예수님이 바리새인 시몬의 집에 계신다는 말을 들은 그녀는 곧장 그리로 달려갔다. 그녀는 거기 모인 바리새인들이 자기의 행동에 대해 뭐라고 할지 사람들에게 물어보려고 발걸음을 멈추지 않았다.

당시 사회에서 여자가 남자들 모임에 불쑥 끼어드는 것, 그것도 열띤 신학 토론을 벌이고 있는 남자들 모임에 난

데없이 끼어드는 것이 있을 수 없는 일이라는 점을 몰랐을까? 자기의 행동이 거기 모인 남자들에게 얼마나 해괴망측하게 비쳐질지 알지 못했을까? 사람들에게 죄인으로 널리 알려진 그녀가 '종교 및 도덕의 수호자들'이 모여 있는 곳으로 곧장 들어갔다가는 호되게 꾸지람을 당할 뿐 아니라 욕을 먹게 된다는 것을 예상하지 못했을까?

아니다. 다 알고 예상했을 것이다. 그러나 그녀는 예수님을 사랑했기 때문에 그 모든 것에 신경 쓰지 않았다. 그녀는 오로지 예수님만 생각했다. 그리고 마침내 예수님 앞에 섰을 때는 이전에 중요하게 여겼던 모든 것을 안중에 두지 않았다. 그래서 예수님이 그녀를 두고 "사랑함이 많음이라"(눅 7:47)라고 말씀하실 수 있었다.

막달라 마리아에게서 '처음 사랑'의 뜨거움이 보인다. 예수님 외에는 아무것도 바라보지 않는 사랑은 다른 무엇보다 예수님에게 관심을 쏟으며, 기회가 있을 때마다 서둘러 예수님에게 달려간다. 막달라 마리아는 예수님을 원했다. 예수님에게 가까이 가기를 원했다. 언제나 예수님 앞에 있고 싶어 했다. 용서하시는 예수님의 사랑을 예수님 얼굴에서 만날 수 있었기에 그 얼굴을 바라보기 원했다. 사랑과 용서를 전하시는 예수님 입술에서 나오는 말씀을 듣고 싶어 했다.

마리아는 그로 인해 치러야 할 대가를 염려하지 않았다. 그저 예수님의 사랑을 알고 예수님 앞에 오래 머무는 것을 가장 귀한 특권으로 여겼다. 그런 열정 때문에 당할지도 모를 굴욕을 걱정하지 않았다. 혹시라도 다른 사람들에게서 받을 수 있을지 모를 아주 작은 존중심까지 잃을까 불안해하지 않았으며, 이전에 헤프게 사랑했던 남자들의 사랑을 잃을까 우려하지 않았다. 그녀는 오직 한 분만을 사랑하겠다고 선택하고, 그런 마음으로 그분을 향해 다가갔다.

부활절 아침에도 그랬다. 그녀는 예수님을 찾아 제일 먼저 무덤으로 달려간 사람이었다. 천사의 빛나는 아름다움도 그녀를 매료시키지 못했고, 그녀의 영혼을 사로잡지 못했다. 천사는 그녀에게 중요하지 않았다. 그녀는 천사에게 관심 없었다. 영혼으로 사랑했던 분, 오로지 주 예수님에게만 관심이 있었다. 그래서 그녀는 천사에게서 시선을 돌려 묘지 관리인이라 추측한 어떤 이에게 물었다.

"그분을 어디에 두었습니까?"

그녀는 무덤에서 예수님의 시신을 발견하지 못하자 계속 찾았다. 사랑은 멈추지 않는다. 모든 희망과 기대가 죽은 듯 보일 때조차 계속 소망하고 믿기 때문이다.

사랑은 죽지 않는다. 한 가지 목표, 즉 사랑하는 이를 알고 그분과 함께 있겠다는 목표를 스스로 정하고 포기하지 않는다. 사랑은 다른 무엇에도 만족하지 않는다. 사랑의 대상과 비교하면 다른 모든 것은 헛되고 무가치하다. 막달라 마리아는 예수님 발 앞에 엎드리고 나서야 비로소 편히 쉴 수 있었다. 예수님이 "마리아야!"라고 그녀의 이름을 부르셨고, 그녀의 사랑은 "랍오니여!"(Rabboni, '랍비'라는 뜻-역자 주)라고 대답했다.

신랑을 향한 신부의 노래

예수님을 향한 사랑에는 절대적인 특질이 있다. 바로 그렇기 때문에 그 사랑에 구원하는 능력(redemptive power)이 있다. 그 사랑은 우리를 다른 사람들과 환경에 옭아매는 모든 속박을 깬다. 막달라 마리아는 오직 예수님에게만 사랑을 집중했다. 그런 다음 예수님을 온전히 맞아들였다. 자신을 예수님에게 아낌없이 드렸기 때문이다. 막달라 마리아는 비밀을 깨달았다. 예수님을 절대적으로 사랑하든지 아니면 전혀 사랑하지 않든지 둘 중에 하나를 택해야 한다는 비밀이었다. 그녀는 하나님의 말씀을 따라 반응했다.

"딸이여 듣고 보고 귀를 기울일지어다 네 백성과 네 아버지의 집을 잊어버릴지어다 그리하면 왕이 네 아름다움을 사모하실지라 그는 네 주인이시니 너는 그를 경배할지어다"(시 45:10,11).

이것이 신부의 사랑이다. 이 사랑은 오직 예수님만 응시한다. 다른 모든 것을 잊는다. 다른 모든 것을 버린다. 이 사랑은 예수님이 아름다운 신부를 기뻐하시기를 소망할 뿐, 다른 것들은 아무것도 소망하지 않는다. 이 사랑은 그분 앞에 엎드려 예배하지 않고는 못 배긴다.

이는 오직 한 분만 응시하고, 한 분에게만 귀 기울이는 사랑이다. 신부의 발이 신부를 그분께 안내한다. 신부의 손은 민첩하게 그분을 섬긴다. 신부의 마음은 놀랍고 신기한 그분의 성품에 몇 번이고 다시금 설레고, 신부의 입술은 그분이 어떤 분이신지를 큰 소리로 말한다. 신부는 예수, 귀하신 이름"이라는 노랫말을 쓰는 찬송가의 작사가 같다. 그러나 그분을 향한 사랑과 흠모를 표현하기 충분한 단어들을 찾아내지 못하는 듯 보인다.

"가장 좋고 소중한 예수, 완벽한 사랑의 샘 예수, 가장 거룩하고, 온유하고, 가깝고, 순전하고, 달콤한 예수… ."

진실한 사랑은 어떻게든 자기가 사랑하는 이에게 어울리는 새로운 이름을 찾아내려고 애정을 기울여 애쓴다. 교회사 전반에 걸쳐 예수님을 향한 사랑을 표현한 위대한 성자들 몇 사람의 기도에서 종종 이런 특징이 나타나는 이유이기도 하다. 베른하르트 형제(Brother Bernhard)는 프란체스코 수도회에 들어가기 전, 프랜시스가 기도할 때 뜨거운 사랑으로 딱 한 문장을 되풀이하는 것을 우연히 엿들었다.

"나의 하나님, 나의 전부가 되소서!"

우리 마리아 자매회에는 이와 관련해 특별히 귀하게 여기는 간증이 하나 있다. 우리 자매회의 공동 창립자이며 영적인 아버지인 감리교 감독 리딩거(Riedinger)의 생애에서 볼 수 있는 간증이다. 그는 직책상 감당할 의무가 많았고, 강연하고 전도하면서 많은 곳을 다녔다. 사람들에게는 목회자로서 조언해주는 그가 늘 필요했다. 그러나 그가 다른 무엇보다 중요하게 여기는 한 가지가 있었다. 그것은 기도 시간, 예수님을 위한 시간이었다.

한번은 일에 대한 부담이 유난히 컸던 시기에 그와 대화를 나눈 적이 있는데, 그때 그는 이렇게 말했다.

"하지만 제게는 주님을 위한 시간이 매일 아침 적어도 두 시간 필요합니다."

이는 그가 종종 새벽 네 시에 일어나곤 했다는 것을 뜻했다. 그의 건강은 더 이상 예전처럼 좋지 않았다. 2차 세계대전이 끝난 후의 힘든 시기와 일로 인한 끊임없는 스트레스로 타격을 받았기 때문이다. 그러나 그는 주님이시며 신랑이신 예수님과 매일 나누는 '사랑의 대화'를 모든 일의 중심과 시작점으로 삼았다. 사실 그것이 그의 생활 전체의 중심과 시작점이었다. 그는 오직 그 사랑의 대화에서만 사역을 위한 능력을 공급받았다.

그는 '신부의 사랑'에 관한 성경 연구로 많은 사람에게 영향을 미쳤다. 그러나 그 무엇보다 그의 삶 자체가 결정적인 간증이었다. 그의 예배 생활과 가능한 모든 영광과 존귀를 예수님에게 드리려는 강렬한 의욕 덕분에 많은 이가 예수님의 사랑을 더 깊이 체험할 수 있었다. 그와 함께 예배를 드릴 때면 예수님을 향한 그의 뜨거운 사랑에 깜짝 놀라곤 했다. 그는 가장 사랑하는 그분의 속성을 아무리 찬양해도, 어린양이며 왕이신 그분, 대제사장이며 신랑이신 그분을 아무리 사모해도 도무지 만족하지 못하는 듯 보였다. 그리고 그분께서 그의 경배를 헛되이 기다리시는 일이 일어나지 않도록, 단 하루도 그냥 흘려보내지 않았다. 예수님이 영광 받으시는 것을 보고 싶어 했던 리딩거 목사의 사랑이 우리의 예배 사역에 불을 지폈다. 예수님을 향한 그의 사랑은 우리가 신령과 진실로 찬양하는 사역을 하도록 길을 마련해주었다.

삶에 드러나는 사랑

신부의 사랑에는 한 가지 지배적인 특징이 있다. 그 사랑은 무엇보다 우선 예수님께 집중하고, 주님께 먼저 시간을 내드리며, 예수님 안에서 만족한다. 신부의 사랑의 이런 특질이 우리 삶을 완전히 새로운 방향으로 이끈다. 그런 사랑을 지닌 사람은 인생의 가장 사소한 요소들을 예수님과 관련짓는다.

젊은 여성 한 사람이 생각난다. 그녀는 아름답고 매력적이고 유능했다. 그런 그녀를 사랑하는 한 청년이 나타났고, 그녀는 자기도 모르게 그 사랑에 끌렸다. 그러나 그때 예수님이 그녀에게 오셨다. 예수님은 그녀의 사랑을 요구하는 신랑으로 오셨고, 그녀는 그것이 그녀의 인생을 배타적으로 그분께만 드리라는 소명임을 알아차렸다. 성경은 "주님을 기쁘게 해드리기" 위해 살라는 소명을 받는 이들이 있으며(마 19:11,12), 또한 결혼하지 않고 사는 것이 더욱 좋다고 권한다(고전 7:32-38).

그녀는 그 소명에 반응했다. 이전에 인생을 가득 채우고 행복하게 했던 모든 것을 다 버렸고, 오직 예수님만 사모했다. 우리 자매가 되어 주님을 일생 섬기게 되었다. 예수님을 발견했기에 행복했던 그녀는 엄청난 기쁨을 발산했고, 사람들은 서로 말했다.

"정말 행복한 사람을 보고 싶으면 저 자매를 보세요!"

그렇게 몇 해 동안 그녀는 삶 자체로 간증했고, 다른 사람들의 삶에 예수님을 향한 그녀의 사랑과 똑같은 '처음 사랑'의 불을 붙였다. 그녀는 존재 전체와 행동으로 비할 데 없는 예수님 사랑의 가치를 간증했다. 특히 사람들은 나뉘지 않은 마음으로 예수님을 사랑하고 다른 모든 것보다 예수님을 더 사랑하는 데서 나오는 행복을 그녀에게서 볼 수 있었다. 예수님을 사랑하면 영원한 열매를 맺는다.

여성 집사 한 사람도 생각난다. 그녀는 오랫동안 건강이 좋지 않았다. 그러나 수십 년 봉사해온 세월 내내 야간 봉사를 자원했다. 그 덕분에 기도하면서 주님과 교제할 수 있는 더없이 좋은 기회를 얻었다. 사랑은 그런 기회를 찾아낸다. 그녀는 그녀가 봉사하는 곳, 마더 하우스(Mother House) 전체를 위한 기도의 전사이다. 다른 사람들은 그녀 없는 마더 하우스를 상상할 수 없었다. 기도하는 그 여성 집사를 많은 자매들이 찾아가 영적 조언을 구했다.

교사 한 사람도 생각난다. 학기 내내 아이들을 가르치느라 지친 그녀는 몇 주 동안 쉬면서 기력을 회복하고 싶어 방학을 고대하고 있었다. 그녀는 상쾌한 공기와 따스한 햇살을 기대하며 방학 기간 동안 산악 지방에서 휴가를 보내기로 계획했다. 마침내 기차표를 예매했고, 같이 여행할 친구도 구해놓고, 모든 준비를 끝마쳤다. 그러나 그때 무언가를 알아차렸다.

'예수님이 나를 기다리고 계셔! 나의 시간, 모든 시간을

원하셔! 하지만 내가 이미 계획한 활동들과 만남들 때문에 그럴 시간이 없을 거 같아.'

그녀는 주님이 헛되이 기다리시도록 하고 싶지 않았다. 그래서 여행 계획을 취소했다. 그녀는 경건 시간을 가졌고 여행 기간 동안 쓰기로 준비한 돈을 예수님에게 다 드렸다. 그렇게 몇 주의 휴가가 끝났을 때, 그녀는 이전의 어떤 휴가에서보다 더 큰 힘과 기쁨을 얻어 학교로 돌아갔다.

다른 모든 것보다 예수님을 위에 놓는 이런 사랑을 지닌 사람은 우리가 전혀 생각하지 않은 일상의 일들, 즉 예수님을 향한 사랑을 적용할 것이라고 조금도 예상하지 않는 일상적인 면들에 그 사랑을 적용한다.

한 부인이 우리가 주관한 수련회에 참석해서 살아 계신 하나님께서 베푸시는 사랑과 받으신 고난을 어느 정도 체험했다. 그 체험에 감동받은 그녀가 말했다.

"일평생 금요일마다 집을 청소하며 꺼림칙한 느낌을 받았어요. 뭔가 옳지 않다는 느낌이었지만 이유는 몰랐어요. 하지만 이제는 알아요. 금요일은 우리 주님이 고난당하신 날이잖아요. 이제부터 금요일에는 절대 청소를 하지 않을 거예요. 묵상하고 기도하는 날, 주께 드리는 날로 정할 겁니다. 집안 청소야 다른 요일에 하고도 남으니까요."

이런 사례들은 오직 예수님만 바라보고 예수님만 위해 살아가는 사랑을 어느 정도 묘사한다. 그리고 어떤 사랑이 그런 사랑인지 식별할 수 있는 특징도 있다. 그 사랑이 아낌없이 주는 사랑이라는 점이다. '처음 사랑'은 아끼지 않는 사랑, 도를 넘는 사랑이다. 그런 사랑을 품은 사람은 가진 것 모두, 마지막 남은 것까지 다 잃고 내어줄 준비가 되어 있다.

그것 말고 다른 방법이 있을까? 만약 우리가 진심으로 예수님을 사랑하기 시작한다면, 우리를 무한대로 사랑하시는 예수님을 향한 사랑을 계산하고 따져 덜어내는 행동에 대해 생각할 수 있을까? 우리를 향한 예수님의 크신 사랑에 값을 매길 수 있을까? 그 크신 사랑의 값은 죽음이다. 원수인 우리를 살리려고 그분께서 당하신 죽음이 바로 그 사랑의 값이다. 그렇다면 우리가 어떻게 반응해야 할까? 전부 다 드리고 손실을 계산하지 않는 아낌없는 사랑, 도를 넘는 사랑보다 못한 그 무엇으로 가능할 수 있을까?

예수님을 향한 우리의 사랑은 다른 모든 인간적인 사랑을 능가해야 한다. 귀하고 소중한 것들을 어느 누구보다 그분께 더 많이 드려야 한다. 예수님이 우리의 왕이시기 때문이다. 그분은 우리에게 크신 사랑을 아낌없이 쏟으셨고, 우리가 진정으로 사랑하도록 해방시켜주셨다. 그분이 자녀들에게 도를 넘는 사랑, 헌신적인 사랑을 요구하는 것은 그분의 권리이다.

가난을 선택하게 하는 능력

예수님을 향한 참된 사랑 깊은 곳에는 그 사랑 자체를 능가해서 자라는 힘이 있다. 예수님을 향한 참된 사랑은 결코 비용을 계산하지 않으며 무한히 드리고 싶어 한다. 그렇게 예수님을 사랑하는 이들은 자기를 위해서 무언가를 아껴두려는 생각을 아예 잊는다. 그런 사람들은 자기의 물질, 권리, 힘, 다른 사람들에 대한 요구, 자존심, 사랑을 기꺼이 포기한다. 이런 사랑은 타협이나 절충을 모른다. 예수님에게 모든 것을 다 드리지 않을 수 없다. 어쩌면 이 모든 것은 생명을 드리는 것까지 의미할지도 모른다. 예수님의 제자들이 그랬던 것처럼. 또한 세상의 가장 귀한 것이나 행복을 드리는 것을 뜻할지도 모른다. 그래도 상관하지 않는다. 사랑은 오직 주님만 바라본다. 그리고 예수님을 사랑하면 모든 면에서 만족하게 된다.

베다니의 마리아는 예수님의 장례식을 위해 그분의 머리에 기름을 부을 때 이런 사랑을 아낌없이 쏟아부었다. 예수님은 그녀의 행동에 어떻게 반응하셨는가? 당시 향유는 매우 비쌌다. 사람들은 보통 한 번에 극소량만 사용했다. 그러나 마리아는 향유 단지를 통째로, 한 번에 예수님에게 쏟아부었다. 이에 제자들은 '낭비'라며 이의를 제기했다. 그러나 예수님은 제자들의 의견에 동의하지 않으셨다. 그 비싼 향유를 통째로, 아낌없이 예수님에게 쏟아부은 마리아의 행동을 합당하게 여기셨다. 칭찬하셨다. 그리고 이 땅에서 복음이 전파되는 곳마다 그녀가 행한 일도 전파되어 사람들이 그녀를 기억할 것이라고 말씀하셨다(마 26:10-13).

우리는 예수님을 향한 '처음 사랑', '신부의 사랑'의 의미를 깊이 재고해보아야 한다. 제자들은 도를 넘은 마리아의 사랑 표현에 반대했다. 당시 제자들이 갖고 있던 예수님을 향한 사랑의 개념이 오늘날에도 여전히 많은 그리스도인 사이에 폭넓게 퍼져 있다.

두말할 나위 없이 제자들은 예수님을 사랑하고 높여야

옳다고 여겼다. 그러나 제자들은 기본적으로, 죄인인 어떤 여자가 눈물로 예수님의 발을 씻겨드렸을 때 바리새인 시몬과 그의 집에 초대받은 손님들이 품고 있던 견해, 즉 '적당히 헌신해야 한다'는 견해를 똑같이 품고 있었다.

예수님을 향한 참된 사랑은 다른 사람의 시선을 신경 쓰지 않고 거리낌 없이 자기를 표현한다. 그러나 그들은 그 점을 비난했다. 교회사가 시작된 이래로 독실한 신앙을 가진 사람들이 그런 사랑을 마주할 때 늘 화를 내면서 들고 일어났다. 만약 예수님이 아무 말씀도 하지 않으셨다면 그 자리에 있던 바리새인들은 눈물로 예수님의 발을 씻기고 머리카락으로 닦은 행동이 상스럽고 뻔뻔스러운 짓이라고 비난하면서 서슴없이 그녀를 내쫓았을 것이다. 그들은 그녀의 행동이 사랑을 쏟아붓는 행동임을 알아보지 못했다. 그러나 예수님은 그녀가 그렇게 하도록 허락하셨고, 그녀가 행한 일을 기뻐하셨다. 예수님은 그녀의 행동에서 그녀의 사랑이 얼마나 큰지 보셨고, 또 그녀의 행동이 옳다는 것을 아셨다.

오늘날 그리스도인들 사이에 널리 퍼진 일반적인 태도는 이러한 예수님의 태도와 다소 다르다. 말할 필요도 없이, 우리는 예수님을 구주(Saviour)로 믿는다. 그러나 우리는 대체로 가장 사랑하는 그분을 위해 모든 고통을 견디는 사랑, 자기를 내어주는 사랑을 이해하지 못한다. 우리는 어떤 사람에게서 그런 사랑을 볼 때 이상하게 여기며 이해하지 못할 일이라고 생각한다. 그러나 예수님은 그런 사랑을 높이 평가하셨다. 바리새인 시몬의 집에서 그런 사랑을 마주하셨을 때도 그랬고, 베다니에서 다시 마주하셨을 때도 그랬다. 예수님은 그런 사랑을 귀하게 여기셨다. 예수님은 우리 각자가 그렇게 주님을 사랑하기를 기다리고 계시지 않을까?

베다니의 마리아는 사랑하는 마음으로 예수님에게 귀한 것을 드린 유일한 인물은 아니었다. 성경은 예수님에게 아낌없이 드린 한 무리의 평범하고 소박한 여인들을 언급한다(눅 8:2,3). 그들은 이 마을, 저 마을로 두루 다니며 복음을 전하시는 예수님을 따라다녔고, 자기들이 소유한 물질로 예수님에게 필요한 것들을 공급해드렸다. 그런 행동 때문에 사람들에게 멸시와 모욕을 당했지만 개의치 않았다. 그들은 예수님을 사랑했기 때문에 가진 것을 드리지 않을 수 없었고, 예수님과 함께 있고 싶어 했다. 그들은 무슨 물건이나 재산을 소유했든지 예수님이 뜻대로 쓰실 수 있도록 자발적으로 내놓았다.

그들이 소유를 헤프게 낭비한 것은 아니었을까? 그런 식으로 재물을 쓴 일에 대해 가족과 상의할 의무는 없었을까? 아마 그들의 가정에도 재물이 필요했을 것이다! 그들은 물건과 재산을 그렇게 쓴 것에 대해 가족에게 보고할 의무가 있었을 것이다. 하지만 그들은 예수님이 우리의 물건과 재산, 봉사를 우선적으로 요청할 권리를 갖고 계신다는 사실을 알고 있었다. 우리의 물건이나 재산, 봉사를 요구하는 다른 모든 것은 두 번째 자리를 차지할 수밖에 없다. 많은 목소리가 우리의 돈과 힘, 재능을 요구한다. 그러나 예수님이 자신과 그분의 나라를 위해 이런 것들 가운데 하나라도 요구하신다면, 다른 누구의 요구에 앞서 주님의 관심사에 귀를 기울여야 한다. 물론 이렇게 행동해서 다른 누군가를 극심한 고통에 빠트리면 안 된다는 점을 우리 모두 잘 이해하고 있다.

예수님은 우리를 위해 가난하게 되셨다(고후 8:9). 이것이 우리를 향한 예수님의 사랑의 크기이다. 따라서 예수님은 우리에게도 '스스로를 가난하게 하는' 사랑을 기대하신다. 우리는 예수님을 사랑하기 위해 집, 재산, 사업, 직업, 사랑하는 이들을 포기할 준비가 되어 있는가? 이보다 훨씬 더 어려운 일, 즉 우리와 가까운 사람들이 우리의 도움 없이 지내게 하고, 그래서 가난을 겪게 할 각오가 되어 있는가?

예수님을 위해 가난해지는 사람들은 그분께서 왕으로서 베푸시는 은총을 받는다. 예수님은 그런 사람들을 직접 돌보신다. 그분이 "주라 그리하면 너희에게 줄 것이니 곧 후히 되어 누르고 흔들어 넘치도록 하여 너희에게 안겨주리라"(눅 6:38)라고 말씀하셨기 때문이다. 따라서 우리의 행동 때문에 가족이 곤란해지는 것처럼 보일지라도 예수님을 향한 사랑으로 행하면 그들도 주님에게서 오는 가장 큰 축복을 체험할 것이다. 이렇게 예수님은 기꺼이 주는 사랑, 정말로 아낌없이 모든 것을 쏟아붓는 사랑을 드리는 이들을 풍성하게 하신다.

나는 예수님을 아낌없이 사랑한 어머니 한 사람을 알고 있는데, 그녀는 주님에 대한 사랑으로 가장 귀한 것, 즉 사랑했을 뿐 아니라 의지했던 외동딸을 예수님께 드렸다. 그 여인은 통풍과 관절염으로 다리를 절었고, 종종 휠체어를 타고서만 다닐 수 있었고, 외동딸의 도움을 매우 많이 의지했다.

  그런데 그 딸이 우리 공동체의 자매로 예수님을 섬기라는 분명한 소명을 받았다. 딸은 어떻게든 제 어머니를 도울 다른 방도를 찾지 못하면 자기가 자매회에 들어가지 못하리라는 것을 알고 있었다. 그러나 어머니의 생각은 달랐다. 그녀는 예수님을 다른 무엇보다 더 사랑했다. 예수님께 진정한 희생을 드리기를 마음으로 갈망했다. 주님을 향한 그런 사랑의 마음으로 외동딸에게 예수님을 위한 섬김의 길로 가라고 말했다. 그녀는 외동딸을 예수님께 드리면 하나님께서 보살펴주실 것을 확신했다.

  그 딸은 소명을 받아들여 우리 공동체의 자매의 길을 가기 시작했다. 그리고 하나님께서 정말로 도우셨다. 그 어머니 혼자 움직이고 다니기는 여전히 어려웠지만, 하나님께서 어느 정도 건강을 회복시켜주셨다. 게다가 그녀의 남편이 아내를 돕고 보살피기 시작했고 그녀를 돌보는 데 전보다 더 많은 시간을 쏟았다. 그녀가 이렇게 예수님을 희생적으로 사랑했을 때 주님의 사랑이 그녀 안에 밝은 희망의 불길을 일으켰고, 그녀를 방문한 많은 이들이 그 밝은 불길에 사로잡혔다.

어리석음을 자랑하게 하는 능력

예수님을 향한 사랑이 도를 넘은 사랑일 때, 그 사랑은 같은 이유에서 또한 '어리석은' 사랑이 된다. 우리를 향한 그분의 사랑이 정말 어리석은 사랑이기 때문이다! 우리가 예수 그리스도와 만나게 되면 도를 넘는 사랑이 마음에서 불타기 시작하기에, 우리 또한 사도 바울과 같이 어리석게 사랑하게 된다.

"우리는 그리스도 때문에 어리석으나 … 우리는 세계 곧 천사와 사람에게 구경거리가 되었노라 … 우리가 주리고 목마르며 헐벗고 매 맞으며 정처가 없고 … 지금까지 세상의 더러운 것과 만물의 찌꺼기같이 되었도다"(고전 4:10,9,11,13).

사도 바울은 전적으로 다른 삶을 살아갈 수도 있었다. 경건한 유대인으로 평범하고 평온한 삶을 살아갈 수도 있었다. 그러나 예수님을 사랑했기에 어리석은 자로 살았고, 보통 사람들이 피하는 삶을 선택했다. 왜? 예수님을 향한 사랑에 사로잡혔기 때문이다. 그에게는 '어떻게 예수님을 기쁘게 해드리지?'라는 생각뿐이었다. 그래서 '어리석은 사랑'이 이끄는 모든 길과 샛길을 따라 서둘러 예수님 뒤를 따랐다. 그는 그 사랑 때문에 온갖 고초를 다 겪었다. 그러나 그의 인내심은 끝이 없었다. 현관의 깔개처럼 다른 사람들에게 짓밟혀도 가만히 있었다. 바울의 마음에서는 처음 사랑, 신부의 사랑이 타오르고 있었기 때문이다. 그런 사랑은 자신을 예수님에게 철저하게 내어드린다.

바울은 남자들도 여자들만큼이나 예수님을 향한 이런 뜨거운 사랑에 완전히 사로잡힐 수 있다는 점을 보여준다. 이런 사례는 교회사에서도 많이 발견할 수 있다. 세상의 눈에는 어리석게 보이는 이런 사랑이 어떤 사람에게는 인생 전체를 활활 태우며 그의 인간적인 계산과 합리성을 불태워버린다. 세상의 눈에는 예수님을 향한 뜨거운 사랑이 어리석게만 보인다.

바울은 그에게 씌워진 몇 가지 혐의에 대해 대답하고자 베스도 총독을 접견했을 때, 이에 대해 신학적으로 명쾌하게 설명했다. 그러나 예수님에 관해 말할 때는 심중에 타오르는 그 사랑, 어리석은 사랑을 드러냈다. 그러자 베스도는 "바울아, 네가 미쳤도다!"(행 26:24)라고 말했다. 바울이 베스도 총독에게 그런 반응을 끌어냈다는 사실은 전혀 놀랄 일이 아니다.

불타는 사랑에는 정말 놀라운 능력이 있다! 우리는 사람들 사이의 인간적인 사랑도 큰 힘을 발휘한다는 것을 안다. 그렇다면 예수님을 향한 이런 '어리석은 사랑'의 비할 데 없는 능력은 틀림없이 엄청나게 큰 힘을 발휘하지 않을까? 그 사랑이 하늘과 땅의 창조주께서 점화하신 사랑이기 때문이다. 우주의 이글거리는 사랑 전부가 그분 마음에서 하나로 결합한다. 이 사랑은 무슨 일이든지 다 달게 받는다.

우리는 십자가에 달리거나, 화형대에 묶여 불에 타거나, 굶주린 사자들에게 던져진 순교자들에 관한 이야기를 읽는다. 그러나 그들은 어떤 찬송가 작사가가 표현한 대로 "잘못을 저지르는 이들을 위해 기도했다". 그들은 다른 찬송가 작사가가 표현한 대로 "사랑에 취했다". 이런 사람들은 예수님에 관한 개념을 단순히 머리에 넣고 다니지 않았다. 결코 그렇지 않았다. 그들은 그분, 살아 계신 예수님을 심장에 지니고 다녔다. 그들 안에 있는 어리석은 사랑의 열기가 정말로 강렬했기 때문에 무엇도 그것을 차갑게 식힐 수 없었다. 그들 마음에는 오직 하나의 이름, 예수님의 이름만 메아리쳤다. 그들은 그 이름의 능력을 힘입어 찬양했고 스데반과 마찬가지로 끔찍한 상황과 죽음을 기쁘게 맞아들였다. 예수님을 사랑한 그들은 이렇게 말하는 법을 배웠다.

이 세상 무엇도 아끼지 않네.
이 세상 무엇도 두려워 않네.

처음 사랑, 신부의 사랑을 굳게 붙잡은 이들의 사랑에는 '어리석음'이라는 독특한 도장이 찍혀 있었다. 대체 어떻게, 특히 실제적인 고통을 눈앞에 두고도 그렇게 반응할 수 있었을까? 그들의 행동은 그들을 지켜본 모든 이에게 풀지 못할 수수께끼였다. 예수님을 향한 이런 사랑, 이 어리석은 사랑이 유일한 해답이다. 어쩌면 그렇게 어리석을 수 있었을까?

인간은 본성적으로 무슨 수를 내서라도 고통과의 마주침을 피하려고 한다. 긁어모을 수 있는 모든 수단과 방편을 동원해서 고통을 회피하려 한다. 그러나 사랑하는 이를 위해 고난의 길로 가는 것은 사랑의 특권이다. 사랑에 빠진 사람은 자기가 사랑하는 사람을 정말로 귀하게 여기기 때문에 그 사람을 향한 사랑을 아낌없이 보여주고 싶어 하며, 설령 그 일이 고난의 잔을 마시는 것을 의미한다 해도 머뭇거리지 않는다. 옆에서 지켜보는 세상은 그런 희생을 절대 이해하지 못한다.

사랑의 진실성을 드러내라

예수님을 향한 참된 사랑은 언제나 '어리석음'이라는 특징을 지녔다. 그것은 그 사랑의 진실성을 나타내는 표시이다. 오늘날까지도 그러하다. 나에게 반대하는 사람들 앞에서 나를 겸손하게 낮추는 행동이 어리석지 않은가? 우리 자매회 사람들은 예수님의 사랑이 우리 동료 한 사람을 어떻게 하나님나라로 이끌어 그녀에게 반대하는 사람들 앞에서 그녀를 낮추셨는지 기억한다.

그녀는 예수님의 몸을 위해 봉사하는 동안, 그리스도의 몸 내부에서 일어난 많은 불화 때문에 몹시 고통당했다. 그녀는 예수님과 함께 마음 아파했다. 예수님의 이름을 지닌 사람들이 예수님의 마지막 기도(사랑으로 하나 되는 것,

요 17:21-26 참고)를 너무 가볍게 받아들였기 때문이다. 그들은 정말로 예수님의 이름을 웃음거리와 조롱거리로 만들었다. 그러자 그녀의 일에 반대하는 사람들을 찾아가기 시작했다. 그녀는 사랑으로 만날 준비가 되어 있다는 사실을 그들에게 보여주기 원했고, 그들과 함께 사랑으로 하나 되려고 힘쓰기를 소망했다. 이는 어리석은 방법이다. 세상 기준으로는 말도 안 되는 행동이다. 반대하는 사람들은 당신이 어떤 속셈으로 그러는지를 생각하며 수상쩍게 여길 것이다.

'우리가 반대했던 사람이 이쪽으로 오고 있잖아. 분명히 찬성과 지지를 노릴 거야. 아니면 하는 일들이 잘 풀리니까 꺼림칙한 느낌을 받기 시작했는지도 몰라.'

그렇다. 반대하는 사람들 앞에서 자기를 겸손하게 낮추는 행동은 어리석다. 이런 행동을 하려는 사람들은 상대방이 내가 내민 손, 사랑의 제안을 뿌리칠지도 모른다는 점을 먼저 유념해야 한다. 그럴지라도 어리석은 사랑은 주님을 향한 사랑으로 어떻게든 먼저 손을 내밀고 사랑을 제안한다. 예수님의 마지막 기도가 이루어지게 하기 위해서 아주 작은 몫이라도 감당하고자 갈망하기 때문이다. 이런 사랑은 원수도 사랑해야 한다는 것을 알고 있다. 그것이 예수님의 길이고, 주님은 오직 그 길로만 승리하셨기 때문이다.

유산을 포기하는 행동은 어떤가? 나는 가깝게 지내는 어떤 사람이 그렇게 하는 것을 보았다. 그녀는 왜 그랬을까? 유산이 필요하지 않았을까? 아니다. 오히려 유산을 갈망했다. 그녀에게는 돈이 절박하게 필요했다. 그러나 유언장에 명시된 상속인들 중에 한 사람이 너무 부당한 요구를 해왔고, 결국 상속인들 몇 사람 사이에 싸움이 일어났다. 그녀는 이 싸움에 전혀 관여하지 않았고, 오히려 유산 청구권을 포기했다. 그녀는 예수님을 위해 그렇게 했다. 예수님은 우리가 사랑으로 함께 살도록 이 땅에 오셨다. 증오와 분쟁을 끝내려고 이 땅에 오셨다. 그녀는 고대하던 물질적 도움을 예수님을 위해 포기할 각오가 되어 있었다.

어리석은 사랑은 강하다. 어리석은 사랑은 우리 모두의 내면 깊이 뿌리내린 자기 보호 본능을 이겨낸다. 자기 보호 본능은 어떤 상황에 처하든지 내가 손해 보지 않으려고, 내가 너무 무거운 짐을 지지 않으려고, 혹은 내 가정이나 상황이 손실을 입지 않도록, 응당 해야 할 일들을 보고도 못 본 체한다.

  정말 많은 망명자가 동독을 빠져나와 서독으로 들어오던 시절, 이런 태도 때문에 서독 사회가 큰 어려움을 겪었다. 이런 상황에서 서독의 헤센주 북부에 거주하던 한 여성이 동독 망명자들을 자기 집에 맞아들이고자 마음을 준비했다. 그녀는 예수님을 향한 사랑으로, 예수님이라면 당연히 하시리라 생각되는 방식으로, 그리고 "너희 가운데에 머물러 사는 타국인 … 그 타국인을 본토에서 난 이스라엘 족속같이 여기고"(겔 47:22)라는 말씀대로 그들을 맞아들이기 원했다.

  그녀와 남편은 노년이었고, 당연히 평화롭고 평온한 삶이 필요했다. 그런데 갑자기 서독 정부에서 동독 망명자 가족 일곱 명을 그녀의 집에 위탁했다. 그녀는 그들을 외면하려 애쓰지 않았고 한 마디도 불평하지 않았다. 오히려 따스한 사랑으로 맞았다. 그녀는 에스겔서에 기록된 말씀을 따라 살았다. 집에 있는 방들을 나눠 두 개는 남편과 쓰고 일곱 개는 그 가족에게 주었으며, 한 마리뿐인 암소에게 얻은 우유 역시도 같은 비율로 세심하게 나눴다.

  거기서 그치지 않았다. 남아 있는 밀가루, 고기, 통조림,

가재도구, 접시, 은그릇 세트, 비누, 세제, 침대 시트, 담요 등 모든 것을 7대2의 비율로 나눴다. 망명자 가족은 가톨릭 신자들이었다. 그녀는 가톨릭 신자와 한 번도 접촉해본 적이 없었기 때문에 과연 한 집에서 같이 잘 지낼 수 있을지 걱정했다. 그러나 하나님께서 그녀의 어리석은 사랑을 축복하셨고, 모든 것이 순조롭게 하셨다. 가톨릭 가족은 주일 아침 일찍 미사에 참석했다. 그러면 그녀는 그들이 집을 비운 동안, 그들 가족의 부엌에 불을 피우고 그들을 위해 아침을 준비했다. 그리고 가톨릭 가족의 부인은 개신교 노부부가 주일 저녁 예배를 드리러 가면 그들을 위해 저녁을 준비했다.

노부부에게는 작은 구두 공장이 있었다. 그들에게는 자녀가 없었기 때문에 장차 그 공장을 어떻게 할지 걱정해왔다. 하나님께서는 그런 염려도 해결해주셨다. 망명자 가족의 가장이 구두를 만드는 사람이었던 것이다. 이에 두 가족은 계약서를 작성했다. 망명자 가족의 가장이 계약서에 명시된 비율만큼의 이윤을 지불하고 공장을 빌린다는 내용이었다.

그러던 어느 날, 두 가족 사이의 사랑이 시험대에 올랐다. 망명자 가족의 부인이 중한 병에 걸려 그녀와 다섯 자녀를 돌보는 책임이 오랫동안 그 집의 늙은 안주인에게 돌아갔다. 그리고 결국 망명자 가족의 부인이 죽음을 맞자 예수님을 사랑하는 그 노년의 안주인은 아이들을 입양해 진정한 엄마가 되었다. 그녀의 어리석은 사랑은 열매에 열매를 맺었다. 그 집은 마을 전체에 평화와 축복의 집으로 알려졌다.

예수님에게서 어리석은 사랑을 받는 우리의 삶에서도 그 노부인이 지녔던 것과 같은 어리석은 사랑이 크게 자라가면 얼마나 좋을까! 어리석은 사랑은 무의미하게 보이지만 사실 가장 큰 의미를 지닌다. 왜냐하면 어리석은 사랑이 하나님 사랑의 본질, 바로 그것에 속하고 하나님의 사랑에는 모든 지혜가 담겨 있기 때문이다. 어리석은 사랑은 무한대의 축복과 열매를 가져다준다.

CHAPTER 4
무엇이 '처음 사랑'을 방해하는가

　　　　　　　　　신부의 사랑은 매우 귀하다. 원수 사탄은 그 점을 안다. 그래서 그 사랑을 시기하고 그 사랑에 맞서 싸운다. 사탄은 우리가 그 사랑을 표현하지 못하게 방해하려고 다방면에서 애쓴다. 사탄이 매우 즐겨 쓰는 기술 중에 하나는, 우리가 다른 모든 것보다 예수님을 더 사랑하지 못하게끔 가능한 모든 수단을 동원해서 우리의 사랑을 나누려 하는 것이다. 원수 사탄은 예수님이 우리에게서 찾으시는 것이 나뉘지 않은 사랑, 손상되지 않은 사랑이라는 사실을 안다. 그것은 신랑으로서 그분의 권리이다. 진실한 신부는 신랑에게 마음을 고스란히 내어준다. 신부는 다른 어떤 남자에게도 한눈을 팔지 않는다. 오직 한 사람에게만 마음을 주고, 오직 한 사람만 바라본다. 이것이 예수님이 우리에게 찾으시는 사랑이다.

주님이 기대하시는 사랑이 있다

복음서를 읽어보면 그 점을 알 수 있다. 예수님 말씀은 분명하고 핵심을 짚어낸다. 다른 대상을 향한 사랑을 주님을 향한 사랑보다 앞세우는 것은 우리를 향한 예수님의 사랑과 우애를 가볍게 여기는 행동이다.

"아버지나 어머니를 나보다 더 사랑하는 자는 내게 합당하지 아니하고 아들이나 딸을 나보다 더 사랑하는 자도 내게 합당하지 아니하며"(마 10:37).

예수님은 우리가 나뉘지 않은 사랑으로 주님을 사랑하길 기대하신다. 이 땅에서 사랑할 가치를 지닌 그 무엇이라도 하나님이신 예수님의 영화로운 성품에 비하면 그저 하찮을 뿐이다. 예수님은 우리의 사랑을 얻고자 경쟁하지 않으신다. 예수님은 우리의 아버지든 어머니든, 남편이든 아내든 자녀든, 형제든 자매든 친구든 이 땅이 우리에게 제공하거나 혹은 하나님께서 직접 주실 수 있는 가치 있는 것이라 할지라도 예수님에게는 비할 수 없다는 사실을 아신다.

피조물인 인간을 향한 우리의 사랑을 주님이시며 왕이시며 신랑이신 예수님을 향한 사랑과 동등한 자리에 세우는 것을 생각할 수 있을까? 이 세상에 속한 모든 것 중에 그것들을 창조하신 분과 어깨를 나란히 할 만한 게 있을까?

우리는 이에 대해 곰곰이 생각해보아야 한다. 하나님께서는 우리의 마음을 아신다. 삼위일체이신 하나님께서는 구약 성경에서 이스라엘 백성을 대하실 때 동일한 문제를 느끼셨다. 이스라엘 백성은 되풀이해서 다른 무언가를 하나님보다 앞에 두었다. 하나님께서는 그런 그들의 소행에 대해 매춘, 불륜, 영적 간음 등 가장 강렬한 용어를 써서 말씀하셨다! 그럼에도 그들은 계속해서 하나님께 등을 돌렸고 하나님께서 그들에게 갈망하시는 사랑을 드리기를 거부했다. 구약 성경을 읽어보면 안타까워하시는 주님의 목소리가 계속 들린다.

"네 사랑이 아침 구름 같고 일찍 없어지는 이슬 같구나"(호 6:4, RSV 역자 사역).

괴로운 마음으로 말씀하시는 주님의 목소리가 들린다.

"그런데 이스라엘 족속아 마치 아내가 그의 남편을 속이고 떠나감같이 너희가 확실히 나를 속였느니라"(렘 3:20).

이스라엘 백성은 자신들의 실상을 인정하려 하지 않았다. 자신들이 성전을 갖고 있고, 예배를 드리고, 기도하고, 하나님 말씀을 읽는다고 판단했다. 그렇게 스스로 기만하면서 모든 것이 순조롭게 잘 돌아가고 있다고 믿었다. 그러나 예레미야 선지자와 다른 선지자들의 말은 달랐다. 그들은 이스라엘 백성이 하나님의 심판 아래 놓여 있다고 말했다. 다른 모든 것보다 하나님을 더 사랑하지 않았기 때문이다.

선지자들이 말한 '사랑'은 무엇을 의미하는가? 어떤 사람에게 중요하고, 그 사람이 힘과 시간을 드리고, 그 사람의 마음을 가득 채우고, 그 사람이 사모하고 힘써 찾는 대상이다. 이스라엘 백성은 하나님이 아닌 다른 것들에 마음의 사랑을 쏟았다. 아마 가족, 집, 재산, 건강, 일, 명예, 주변 사람들, 물건과 이득 축적, 이익이 되는 다른 민족이나 국가와의 유대 같은 요소들이었을 것이다.

하나님께서는 그렇게 나뉜 충성심을 모르는 척 슬그머

니 넘어가지 않으셨다. 하나님께서는 종종 하나님의 백성이 하나님을 가리켜 '자기들의 하나님'이라고 계속 부르며, 하나님의 계명을 배우고, 하나님의 말씀을 읽고, 하나님께 기도하는 것을 허락하지 않으셨다. 그러면서 정말 중요한 한 가지, 곧 다른 모든 것보다 하나님을 더 사랑하라는 명령은 거두지 않으셨다. 이렇게 하나님께서는 그들의 나뉘지 않은 사랑에 대한 권리를 계속해서 주장하셨다. 그리고 그들이 반응하지 않으면 심판으로 응하셨다.

신부인가 창녀인가

이런 마음은 구약 시대 하나님 백성의 삶에 있는 암(cancer)이었다. 그것은 또한 신약 시대 하나님 백성의 삶에 있는 암이기도 했다. 우리가 하나님을 향한 사랑에 관한 진짜 문제는 계속 회피하면서 우리의 생활에 경건함을 오려 붙여 자신을 속인다 해도, 우리 마음은 그때나 지금이나 변화나 개선을 보이지 못하고 있다. 그러므로 예수님이 그분을 향한 우리의 사랑에 관해 말씀하실 때는 어떻게든 정신을 번쩍 들게 하는 말씀을 하고자 하셨다. 바로 그 부분에서 우리 마음에 가장 큰 싸움이 일어난다는 사실을 아시기 때문이다.

'다른 모든 것보다 하나님을 더 사랑하라'는 계명은 우리에게 첫째가는 계명으로(마 22:37,38 참고) 주어졌다. 하지만 우리가 하나님의 모든 계명 중에서 이것만큼 크게 어기는 계명도 없다. 예수님은 "너희가 하나님과 재물을 겸하여 섬기지 못하느니라"(마 6:24)라고 말씀하실 때 명확하고 분명하게 요점을 짚으셨다. 하나님께서 우리에게 요구하시는 사항은 절대적이라는 것이다. 하나님께서는 우리의 사랑 일부만으로 만족하지 않으신다. 하나님은 질투하시는 하나님이시다. 나뉜 마음으로 하나님을 섬기는 행위만큼 하나님께서 엄하게 심판하시는 것이 없다. 어떤 사람이나 사물이나 활동을 향한 잘못된 사랑에 우리를 묶는 모든 밧줄을 잘라내야만 예수님을 향한 참된 사랑을 시작할 수 있다.

예수님은 우리가 이 '처음 사랑'을 시작하기를 바라는 마음으로 과감하게 노골적으로 질문하신다.

"너는 신부인가, 창녀인가?"

사실 이 두 가능성은 서로 연관되어 있다. 우리가 창녀가 될 수도 있는 까닭은 하나님께서 우리에게 신부가 되라고 명하셨기 때문이다. '하나님을 사랑하라'는 명령에서 다른 선택사항, 곧 우리가 불성실하게 사랑을 분산시킬 가능성이 생긴다. 예수님은 신부의 사랑을 찾으려고 우리를 주시하신다. 그런데 그 사랑 외의 다른 어떤 사랑에 마음을 빼앗기면 영적 간음 상태에 빠지게 된다. 만약 우리 마음의 생각과 욕구가 어떤 사람을 중심으로 계속 돈다면, 만약 우리가 그 사람에게 마음의 첫째 자리를 내어주어 그 사람과 시간을 보내고 그 사람에게 사랑받기를 다른 무엇보다 더 바란다면, 이는 영적 간음이다. 우리 마음을 사로잡은 대상이 사람이 아니라 재산, 건강, 일, 가장 좋아하는 취미 같은 것이라 해도 결과는 다르지 않다. 하나님께서는 오직 하나, 즉 다른 모든 것보다 하나님을 더 사랑하는 삶을 절대적으로 요구하신다.

사랑을 지키기 위한 싸움

그렇다면 다른 모든 것보다 하나님을 더 사랑한다는 표시는 무엇일까? 사랑하는 그분을 단순히 다른 모든 것보다 더 중요하게 여기고, 나의 시간을 그분과 함께하는 데 주로 쏟고, 그분 가까이 있으면서 사랑받으려 모든 일을 계획하고 행하고, 그분께서 내게 일러주신 모든 소망을 이뤄드릴 준비를 갖추는 삶이 아닐까? 하나님의 소망과 계명들에 완전히 사로잡혀 그 소망을 이뤄드리고, 계명을 지키려고 기꺼이 싸우며, 죽고자 하는 태도가 아닐까? 하나님을 향한 생각과 갈망으로 나의 마음을 가득 채우는 태도가 아닐까? 아니면 세상의 불안정한 대상들로 나의 마음을 가득 채우는 태도가 다른 모든 것보다 하나님을 더 사랑한다는 표시일까?

예수님은 우리 마음에 스멀스멀 기어들어 오는 다른 사랑의 위험을 아신다. 다른 무언가를 향한 사랑이 우리 마음의 첫째 자리를 차지할 때마다 주님을 향한 우리의 사랑은 죽어간다. 그래서 예수님은 그분을 향한 사랑을 방해하는 모든 끈을 다 풀어버리라고 요구하신다.

이는 사람들과 사물들, 하나님께서 창조하신 모든 것을 절대로 사랑하지 말라는 의미가 아니다. 예수님의 관심사는 창조된 모든 것, 예수님으로부터 비롯되었고 주님을 위해 창조된 모든 것을 사랑하되, 예수님과 무관하게 사랑하는 것이 아니라 주님 안에서 사랑하라는 데 있다. 이것이 사도 바울이 "아내 있는 자들은 없는 자같이 하며 우는 자들은 울지 않는 자 같이 하며"(고전 7:29,30)라고 묘사하는 마음의 상태이다. 다른 말로 하면, 우리가 처한 상황과 애착을 갖는 것들이 예수님에게 달려 있다는 이야기이다.

또한 하나님께서 창조하신 모든 것을 사랑하되 예수님 안에서 사랑한다는 것은, 하나님께서 우리가 누군가나 무언가를 포기하기 원하신다 해도 우리 마음이 그로 인해 산산이 부서지지 않으리라는 점도 포함한다. 그런 일을 겪으면 당연히 혼란스럽게 흔들리겠지만, 다른 모든 것보다 예수님을 더 사랑하면 이겨낼 수 있다. 어떤 사람이나 사물, 일에 대한 우리의 사랑이 이런 특징을 지닌다면, 하나님은 이런 것들을 사랑해도 괜찮다고 말씀하실 뿐 아니라 오히려 반드시 그런 식으로 사랑해야 한다고 말씀하실 것이다. 왜냐하면 하나님은 사랑이시고 우리가 사랑하는 것이 하나님의 뜻이기 때문이다. 하나님께서 창조하시고 주신 모든 것, 무엇보다 특히 가족과 친척과 친구들, 그리고 어떤 방식으로든 우리에게 호의를 베푼 사람들을 하나님을 향한 우리의 사랑 안에 포함시켜야 한다.

여기서 우리가 다른 사람들을 향한 사랑에 대해 깨닫게 되는 것이 있다. 인류의 타락 이래로 인간의 사랑에는 불순물과 죄가 가득 침범했다. 사랑이라고 여기는 것이 실상은 자신의 즐거움과 만족을 위한 노력일 뿐이다. '처음 사랑'으로 예수님을 사랑하기를 진실로 원한다면, 다른 모든 것과 맺고 있는 관계를 정밀하게 들여다봐야 한다. 우리의 관계들을 철두철미하게 정화하는 작업을 감수해야 한다. 그렇게 하지 않으면 사람들이나 사물과의 관계가 하나의 장애물로 작용할지 모르고, 예수님을 향한 참 사랑이 그 장애물을 뚫고 나가지 못할 수도 있다.

고통스러운 과정이다. 그렇기에 우리는 정말 조금도 꺼리지 않고 그 과정을 회피하려 한다. 우리는 인생의 다른 어떤 부분에 세운 것보다 더 정교한 핑계 시스템을 그 영역에 구축해왔고, 그 모든 핑계를 신학적으로 단단하게 보강했다! 이는 실제 삶에서 명백하게 드러난다.

예를 들어보자. 그리스도인 부모들은 '예수님이 우리의 사랑에 대한 우선적 소유권을 갖고 계신다!'라고 믿는다. 그러나 만일 예수님이 그들에게 자녀를 주님께 드리라고 요구하실 때도 그들의 사랑에 대한 예수님의 우선적 소유권을 여전히 인정할까? 자신의 자녀가 예수님을 섬기라는 소명을 받아들일 때, 그 소명이 부모님과 집, 재산, 결혼

가능성, 유산 상속 가능성을 모두 버리고 떠나는 것을 의미할 때 부모들은 보통 어떻게 반응하는가? 그들은 자신들에게 그녀를 사랑할 권리가 있다는 사실을 그녀에게 재빨리 상기시킨다. 그리고 그것은 성경적인 권위를 지닌 말이기도 하다.

"네 부모를 공경하라"(출 20:12).

사탄은 지금도 예수님을 유혹하면서 썼던 것과 동일한 방법을 사용한다. 그때 사탄은 성경 말씀을 인용하면서 예수님을 꼼짝 못하게 억누르려 했다. 그러나 사탄이 말씀을 인용하면서 품은 의도는 성경의 본래 의도와 정반대였다.

정말로 주님은 "네 부모를 공경하라"라고 말씀하셨다. 그러나 예수님을 향한 사랑을 포기하면서 부모를 공경해야 한다는 뜻은 절대 아니었다. 원수 사탄은 예수님을 향한 우리의 사랑을 방해하려고 시도할 때 가장 치밀하게 행동한다. 사탄이 우리의 이기적인 생각들 안에 둥지를 틀고서 얼마나 교묘한 주장과 핑계를 끌어들이는지 말도 못한다! '부모를 공경하라는 계명을 기억해! 너에게는 가족의 집과 유산을 지키고 관리할 의무가 있어. 너를 의지하는

사람들을 실망시키면 안 돼. 직장에는 네가 필요해. 너는 가족과 직장 동료들에게 무언가를 빚졌어⋯.'

그러나 예수님은 이런 부추김에 넘어가지 않는 사람들, 곧 예수님이 요구하시는 나뉘지 않은 사랑에 마음의 자리를 내주는 이들을 발견하실 때 무척 기뻐하신다.

내 첫째 사랑은 누구인가

한 어머니가 생각난다. 그녀는 위에서 말한 대로 했다. 매주 하루의 절반을 예수님에게 드리면서 일상에서 물러나 기도했다. 친구들에게도 그 시간에는 자기를 찾아오지 말라고 부탁했다. 처음에 사람들은 눈살을 찌푸리는 이상의 반응을 보였다. 특히 가족은 몹시 언짢아했다. 그러나 그녀는 정한 목표에서 흔들리지 않았다. 가족은 점차 적응했다. 가족은 그녀의 묵상 시간으로 인해 가족 전체가 어떤 축복을 받는지 알게 되자 오히려 그녀의 행동을 전적으로 찬성했다. 어떤 사람이 우리를 찾아오면 우리가 대접하지 않는가? 그렇다면 예수님이 우리의 하루 중 특정 시간을 내도록 원하실 때 얼마든지 더 내드려야 하지 않겠는가?

다른 사람들에게 "아니오!"라고 말하기가 어렵다면, 특히 소중한 이들에게 그렇게 말하기가 어렵다면 그것은 영적 생명의 위험 신호이다. 그것은 우리가 영혼과 관계된 점에서 그 사람에게 잘못 매여 있다는 표시이기도 하다. 그리고 그 속박이 눈에 보이게 나타나든 미묘하든 예수님 말씀이 그대로 적용된다.

"무릇 내게 오는 자가 자기 부모와 처자와 형제와 자매와 더욱이 자기 목숨까지 미워하지 아니하면 능히 내 제자가 되지 못하고"(눅 14:26).

심각한 문제이다! 예수님은 누구를 제자로 인정하시는가? 조금도 나뉘지 않은 사랑으로 예수님을 사랑하기에 주님을 위해서라면 가장 가까운 혈육까지도 기꺼이 포기하려는 사람들만 제자로 인정하신다.

예수님의 이 어려운 말씀, 곧 우리 아버지와 어머니, 남편이나 아내와 자녀를 미워해야 한다는 말씀을 어떻게 이해해야 할까? 이 말씀은 '누가 우리 사랑의 첫째 자리를 차지하고 있는가'의 문제이다. 예수님이 사랑을 요구하며 우리를 부르실 때, 우리는 두말없이 드려야 한다. 만약 그 순간에 어떤 사람이 예수님을 향한 우리의 사랑을 방해할 무언가를 우리에게 요구한다면, 그 사람이 부모이든 배우자이든 자녀이든 그들의 요구가 우선이 될 수 없다. 왜냐하면 두 사람이 동시에 나에게 사랑을 요구한다면 나는 더 사랑하는 사람의 요청과 소망과 뜻에 반응하게 되기 때문이다.

이것이 영적 삶의 기본적인 진리이다. 누가복음 14장 26절에 기록된 예수님의 말씀이 그렇다고 단언한다. 다른 모든 것보다 예수님을 더 사랑하는 사람만 예수님의 제자가 될 수 있다. 참되게 주님을 사랑하는 사람만이 결과적으로 예수님의 사랑을 받을 것이다. 예수님은 그런 사람들에게 마음을 여신다.

나는 어떤 사람의 삶에서 이 사실을 목격했다. 그 사람은 예수님을 향한 이런 큰 사랑을 체험하기를 오랫동안 갈망해왔다. 그러다가 자신에게 결정적인 무언가가 빠져 있다는 점을 알게 되었지만, 해결의 열쇠를 발견할 수가 없었다. 여러 가지 영적 훈련에 전념했지만 아무런 성과도 거두지 못했다. 그런데 그 장애물은 아주 단순한 것이었다. 그의 마음이 어떤 사람을 향한 사랑으로 너무 가득했기 때문에, 그 사랑이 예수님을 향한 사랑을 방해했던 것이다.

그의 마음은 그 사람에게 속박되어 있었다. 그는 그 사람을 향한 사랑을 정말 중요하게 여겼고 그 사랑에 온통 빠져 있었다. 그 사랑을 위해서는 모든 것을 다 주었고, 그 사랑을 위해서라면 무엇이든 다 희생하곤 했다. 그는 명확히 알아차리지 못했지만, 예수님을 사랑의 첫째 자리에 모셨다고 확신하고 살았지만, 실상은 그 사람을 다른 모든 것보다 더 사랑하고 있었던 것이다. 마침내 그가 예수님이 실제로 요구하시는 사랑을 깨닫게 되었을 때, 그의 마음은 무너지는 것 같았다. 일상의 삶에서 그의 마음이 무엇에 사로잡혀 있었던가? 그의 계획, 소망, 활동은 예수님이 아니라 그 사람 중심으로 돌아가고 있었다.

예수님은 그가 실망스러운 일을 많이 겪게 하셨고, 그런 일들을 통해 그 사람을 향한 사랑을 조각조각 부수셨다. 그리고 기도에 응답하셔서 그를 옭아매던 잘못된 사랑의 속박을 보혈의 능력으로 깨셨다. 그때서야 비로소 예수님을 향한 그의 사랑이 성장할 수 있는 길이 열렸다.

'처음 사랑'으로 돌아가는 길은 알기 쉽다. 그 길에 세워진 표지판에는 "나뉜 마음이라는 장애물을 치울 때만 전진할 수 있음"이라는 글이 적혀 있다. 많은 사람이 처음에는 이 사랑을 알았지만, 시간이 지날수록 너무 많은 사랑이 그 사랑을 뒤덮고 목 졸랐다. 그런 사랑들을 단호하게 치워야 '처음 사랑'이 다시 살아날 것이다.

믿음의 그늘 아래 사랑의 불길이 꺼지지 않게 하라

그렇다면 '나뉜 사랑'이라는 문제를 갖고 있지 않은 사람들은 모두가 여전히 '처음 사랑' 안에서 살고 있을까? '처음 사랑'의 길을 막고 무성하게 자라지 못하게 방해하는 장애물은 사실 굉장히 많다. 그렇기 때문에 우리는 그 사랑을 다시 잃는다.

'처음 사랑'을 방해하는 두 번째 큰 장애물은 인간의 타락이 우리의 지식에 미친 영향이다. 원수 사탄은 '어쨌거나 가장 중요한 것은 믿음'이라는 개념을 우리 생각에 몰래 집어넣었다.

"그러므로 우리가 믿음으로 의롭다 하심을 받았으니"(롬 5:1).

이는 하나님의 말씀이다. 진리이다. 영원히 지속된다. 그러나 그 말씀과 동일한 하나님의 말씀은 "크고 첫째 되는 계명"(first and great commandment, 마 22:37, 38을 참고하라-역자 주), 곧 다른 모든 것보다 하나님을 더 사랑하라는 계명에 관해 되풀이해서 말한다. 물론 예수님이 우리의 구원자이시며, 우리의 죄를 제거하셨고, 우리가 그분으로 인해 하나님 앞에서 의롭다 여기심을 받는다는 진리를 먼저 믿지 않으면 예수님을 사랑할 수 없다. 우리는 '예수님을 사랑하기 위해' 주님 안에서 이 믿음에 이른다.

오직 차가운 지성에만 관계된 믿음은 참된 믿음이 아니다. 만일 우리가 가지고 있는 믿음이 단순히 예수님이 살아 계시며 십자가에서 우리 죄를 짊어진 하나님의 아들이시라는 정보에 관계된 정도가 되어버리면, 그런 믿음은 참된 믿음을 흉내 낸 모조품일 뿐이다. 어쩌면 우리는 그런 믿음을 과감하게 드러낼지 모른다. 사람들이 그런 믿음에 이의를 제기하거나 심지어 그런 믿음을 박해하는 자리에서도 예수 그리스도를 고백할지 모른다. 어떤 사람들이 자기의 신념을 위해 싸우거나 죽기까지 하듯이, 우리는 그런 믿음을 위해 싸울지 모른다. 그러나 우리가 그런 믿음으로 이 모든 일을 할 때, 우리는 예수님에게서 멀어진다.

성경이, 장차 어느 날 예수님과 가까이 지내면서 그분의 영광을 목격할 사람들은 바로 '그분을 사랑하는 사람들'(요 17:24)이라는 것을 얼마나 강조하고 있는지 아는가? 이 말씀을 기계적으로 알 뿐 속뜻은 모르는 경우가 많다. 그런 사람들, 예수님을 믿었지만 진정으로 사랑하지 않는 사람들에게는 예수님이 이 땅에 다시 오시는 날이 어둠과 실망의 조짐이 될 것이다.

그날이 오면 믿음은 끝난다. 그날에는 우리가 이 땅에서 믿었던 것들을 실제로 보게 되기 때문이다. 그러나 사랑, 사랑만은 결코 끝나지 않는다. 믿음은 오직 이 땅의 삶을 위한 것이다. 천국에서는 하나님을 있는 그대로 볼 것이기에, 믿음은 더 이상 필요하지 않을 것이다. 여기 이 땅에서 사랑은 믿음의 그늘 아래서 자라간다. 그러나 사랑은 그날이 오기를 뜨겁게 갈망하면서 기다린다. 가장 사랑하는 그분과 연합하고, 얼굴과 얼굴을 맞대어 만나고, 영원히 그분과 함께 살아가는 날이 자기에게 올 것을 알기 때문이다.

신부의 사랑에 대한 왜곡

사탄은 어떤 값을 치르든지 우리에게서 그 영광을 강탈하고자 한다. 사탄은 우리 마음에 자기의 둥지를 짓고 우리의 생각을 맹렬히 공격한다. 예수님을 향한 우리의 신부의 사랑에 의심의 그늘을 드리운다. 값을 매길 수 없는 그 사랑이 전혀 쓸모없다고 속삭인다. 표어와 구호들을 동원해서 우리를 함정에 빠트린다. 예수님에게 마음을 드리려는 사람들에게 사탄이 '신비주의'라든가 '억압된 성적 충동일 뿐'이라고 욕을 퍼부어댔을 때 얼마나 많은 사람이 예수님에게 마음을 드리지 못하고 망설였던가!

물론 정서적으로 병든 사람들이 경건한 느낌을 스스로 품고 그것을 '예수님을 향한 사랑'이라고 부른다는 점도 안다. 그러나 이는 특정한 정서적 질병에서 비롯되는 다양한 증상 중 하나일 뿐이다. 그것은 예수님을 향한 참된 신부의 사랑과 전혀 무관할 뿐더러 진품을 의심하는 데 사용되어서는 안 될 증상이다.

예수님을 향한 참된 신부의 사랑을 전혀 알지도 못하고 이해하지도 못하는 사람들이 그 사랑에 대해 이러쿵저러쿵 말하는 것을 우리 주 예수님이 보실 때 얼마나 마음 아프실까!

"그건 단지 억압된 성적 충동일 뿐이에요. 당신은 어떤 사람을 사랑해요. 그런데 결혼 생활 같은 것으로 그 사랑을 표현할 길이 없으니까 대신 예수님을 사랑하는 거에

요."

 이런 발언은 '처음 사랑'의 은혜와 예수님을 향한 '신부의 사랑'을 아는 사람들이 결혼하고 자녀를 축복으로 받은 후에도 여전히, 어느 시대나 예수님과 친밀하게 교제했다는 명백한 역사적 사실을 간과하거나 의도적으로 무시한다. 하나님을 향한 인격적 사랑은 왜곡된 사랑이 아니다. 그것은 '첫째가는' 사랑, 신부의 사랑이다. 하나님을 가장 사랑하기보다 하나님을 제쳐놓고 어떤 사람을 가장 사랑하는 것이 왜곡된 사랑이다.

 어떤 사람의 마음에 하나님을 향한 사랑이 꽃을 피우면, 거의 동시에 그 사랑에 대해 아무것도 모르는 사람들에게서 날아온 경고들이 그 사람을 후려친다. 그러면 그 사람은 그 사랑에 대해 의심하게 되고, 결국 그 사랑은 파괴된다. 이와 같은 영혼의 가짜 수호자들은 차라리 목에 연자맷돌을 달고 깊은 바다에 던져지는 것이 더 낫지 않을까? 예수님은 그것이 이 '작은 자' 중 하나를 실족하게 하는 것보다 낫다고 말씀하셨다(마 18:6). 이 '작은 자'가 누구일까? 그저 단순한 마음으로, 신부가 신랑을 사랑하듯이 온 마음을 다해 자신들의 구원자인 주님을 사랑하기 원하는 사람들 아닐까?

신부의 사랑이 인간과 인간 사이에 존재할 수도 있지만, 그것을 하나님을 향한 신부의 사랑과 혼동하면 안 된다. 신부의 인간적인 사랑이나 부성(fatherhood), 그리고 우리가 땅 위에서 경험하게 되는 이런저런 천부적 특질들은 위에 있는 진짜, 참된, 영원한 실체의 희미한 닮은꼴이자 그림자일 뿐이다.

예를 들어, 우리가 이 땅에서 부성(父性)을 경험할 수 있는 것은 하늘에 존재하는 진정한 부성이 있기 때문이다. 땅 위의 모든 부성은 그분, 진짜 아버지(Father)에게서 그 이름과 특징을 얻는다. 하늘에 왕권들과 주권들이 존재하기(골 1:16) 때문에, 덧없고 일시적인 이 땅에도 그런 하늘의 실체들의 그림자와 닮은꼴이 존재하는 것이다. 그리고 하늘 신랑(예수님은 자신을 '신랑'이라 일컬으셨다. 마 9:15, 25:1 참고)이 계시고 어린양의 혼인 잔치와 신부(계 19:7)가 존재하기 때문에, 이 땅 위에도 신부가 존재하는 것이다.

그것은 실체의 그림자일 뿐이다. 그것은 이제 곧 사라질 현재 세상의 일부이다. 천국에서는 장가들지 않을 것이고 시집가지도 않을 것이기 때문이다. 따라서 예수님을 향한 사랑을 인간적인 사랑에 대해 우리가 알고 있는 것들과 똑같은 수준에 놓으면 절대 안 된다.

신부의 사랑에 대한 의심

예수님을 향한 신부의 사랑을 인간적인 사랑과 혼동하는 의견 외에도 반대 의견들이 많다. 그런 반대 의견은 성화되지 않은 우리 지성의 논리적 추론 과정에서 비롯된다. '예수님의 신부'라는 말이 정확히 누구를 의미하며, 어린양의 혼인 잔치에 초대받는 사람이 누구냐는 문제는 그리스도인들 사이의 한 쟁점이다. 이와 관련해서 많은 그리스도인은 예수님의 몸인 교회는 모든 민족의 신자들로 구성되는 반면, '예수님의 신부'는 오직 유대인으로만 구성된다고 결론지었다.

그러나 정말 그렇다면, 성경이 거룩한 성 새 예루살렘을 가리켜 '신부, 곧 어린양의 아내'(계 21:1,9,10)라고 부른다는 사실은 어떻게 이해해야 할까? 우리는 모두 예수님의 구속을 통해 승리할 것이고 그 성에서 사는 특권을 누릴 것이라고 굳게 믿지 않는가? 우리가 믿는 대로라면 하나님의 거룩한 성에 거주하는 이들은 예수님을 향한 신부의 사랑을 지닌 이들이다. 이 사람들은 이스라엘 민족에게서 나오기도 하지만, 다른 민족들에게서도 나온다. 이 사람들이 '어린양의 신부'의 일부에 해당되고, 그 일부는 전체를 나타낸다.

만일 우리의 지성이 '그리스도의 신부가 누구냐?'라는 논제에 관한 질문들을 제대로 분석하지 못하면, 즉 예수님의 몸인 교회는 모든 민족의 신자들로 구성되지만 예수님의 신부는 오직 유대인들로만 구성된다고 결론짓게 되면, 다른 문제들이 발생한다. 성경은 신부에 대해 말할 때 언제나 이스라엘 백성 전체 혹은 교회 전체의 관점에서 말하지, 개인 한 사람을 예수님의 신부라고 언급하지 않는다. 즉, 하나님의 거룩한 성 새 예루살렘의 거주민들에 대해 생각하면서 얻은 것과 동일한 해답이 이 문제에도 적용된다. 성경이 '거룩한 성'을 '신부'라 일컫는 것은 그 성 안에 있는 모든 영혼이 어린양을 향한 신부의 사랑을 지닌 상태로 살아왔고, 또 살고 있다는 점을 뜻한다. 따라서 그 성에 사는 사람은 모두 어린양의 신부에 해당한다.

우리가 예수님의 신부가 되라는 부름을 받았으며, 장차 어느 날 정말로 어린양의 혼인 잔치에 앉을 것이라는 참되고 실제적인 진리를 사탄의 속임수에 속아 강탈당해서야 되겠는가.

처음 사랑의 회복을 방해하는 공격들

사탄은 사랑의 고유한 능력을 잘 안다. 예수님이 십자가에서 보여주신 사랑의 위력적인 힘이 그와 지옥을 이겼기 때문이다. 그렇기에 사탄은 이 사랑에 대적해 가장 많은 공격을 퍼부어댄다. 사탄은 광명의 천사로 가장해서 오기도 한다. 그에 속아 넘어간 사람들에게는 사탄의 말이 경건하게 들릴 것이다. 그러나 우리가 '처음 사랑'으로 돌아가지 못하게 막으려는 사탄의 목표는 누그러들지 않는다.

사탄은 사랑이 엄청난 힘을 발휘한다는 점을 안다. 인간이 순종만으로 이루어낼 수 없는 것을 이 사랑이 능히 이루어낸다. 이 사랑의 불길이 타오르며 계속되는 곳마다 사탄의 능력과 자리는 위협받는다. 그러므로 사탄은 어떤 사람이 사랑의 오솔길에 발을 들여놓을 때마다 사납게 공격한다. 사탄은 값을 매길 수 없는 이 보화를 우리가 서로 나누지 못하게 막으려고 모든 수단을 동원한다.

어떤 사람이 이 '처음 사랑' 안에서 살아갈 때, 기름을 준비해 등잔을 밝게 태울 때 사탄은 음흉한 계략을 행동에 옮기기 시작한다. 그 사람이 알아차리지도 못할 정도로 교묘하게 그 사랑의 등잔불을 꺼버리려고 애쓴다.

사탄은 인간이 그들의 주님이시며 구원자, 신랑이신 예수님과 사랑의 관계를 맺는 것을 시샘한다. 사탄은 주님이 그들을 가장 사랑하신다는 사실을 알고 있다. 사탄이 쫓겨난 주의 나라와 보좌를 주님은 이들에게 주시려고 하신다. 주님을 사랑하는 이들은 주님의 나라에서 해처럼 빛날 것이다. 그들은 주께 속한 이들이므로 언제나 주님과 함께 있을 것이다. 사탄은 이런 사랑을 시샘한다. 왜냐하면 그 사랑 안에서 우리가 가장 사랑하는 분과 하나로 결합하기 때문이다.

이렇게 사랑으로 결합할 때 거기에 능력이 있다. 공동의 목적을 위해 서로 결합하는 사람들에게서 그 능력을 분명히 볼 수 있다. 이런 사람들은 반대자에 맞서 강력한 방어선을 구축할 수 있다. "뭉치면 살고 흩어지면 죽는다!"라는 속담은 여전히 옳다. 만약 이 말이 인간적인 차원에서도 참이라면, 하나님의 차원으로 올라갈 때는 무슨 일이 일어날지 생각해보라.

여기 가난하고, 비참하고, 죄로 가득한 한 사람이 있다. 그 사람이 사랑을 통해 세상 전체의 왕이시며 주님이신 분, 예수 그리스도와 연합하여 그리스도와 하나가 된다. 그러면 가난하고 비참하고 죄로 가득한 그 사람에게서 능력이 흘러나온다! 그렇다. 누구도 그 능력에 맞서지 못한다! 그 능력이 신부가 신랑과 사랑으로 연합하듯 주님과 내적으로 결합한 데서 나오기 때문이다. 그리고 그 신랑은 하늘과 땅의 모든 능력을 지니고 계신다.

사탄은 예수님이 어떤 분이신지 알기에 예수님을 향한 사랑이 어떤 일들을 일으키는지도 정확히 알고 있다. 우리가 예수님에게 사랑을 드릴 때 무슨 일이 일어날지 알고 있는 사탄은 예수님에게 구속받은 이들이 주님과 사랑의 연합으로 무엇이 흘러나올 수 있는지 알고 있다. 사탄은 그 결합이 정말 강력하고 압도적이고 오묘한 것을 알며 하나님께서 죄로 가득한 인간과 사랑으로 결합하려 하신다는 점을 알고 있다. 사탄은 자기를 권좌에서 몰아낸 전능하신 하나님의 능력을 알고 있다. 따라서 누군가가 그런 주님과 결합하는 것을 볼 때 모든 위험을 무릅쓰고 방해한다.

이 사랑 안에서 사는 사람은 성령의 충만한 능력으로 사역한다. 그 사랑은 이글거리는 횃불 같아서 숲 전체를 다 태울 수 있다. 그 사랑의 불은 다른 많은 사람에게 퍼진다. 사랑은 생명이고, 생명은 생명을 낳기 때문이다. 이 사랑은 인간의 머리에서 비롯된 단체나 전도 사업과 질적으로 많이 다르다.

사탄은 우리가 예수님을 향한 신부의 사랑으로 얻는 능력과 축복을 시기한다. 우리를 지옥과 암흑으로 끌고 가고 싶어 하는 사탄은 우리가 예수님을 향한 신부의 사랑으로 얻는 능력과 축복을 시기한다. 우리를 지옥과 암흑으로 빠지게 하며 비참한 결말에 도달하길 바라는 사탄은 우리가 다른 길로 들어서는 것을 견딜 수 없어 한다. 사탄은 우리가 그 사랑을 잃을 때 행복도 잃는다는 것을 알기 때문에, 그 사랑을 우리에게서 빼앗아 가려고 갖은 계교와 힘을 다 쏟는다.

경계하고 지키라

그리스도인은 원수 사탄에게서 오는 위험을 분명히 알아차려야 한다.

"근신하라 깨어라 너희 대적 마귀가 우는 사자같이 두루 다니며 삼킬 자를 찾나니"(벧전 5:8).

사탄은 우리를 완전히 파멸시키지 못하면 적어도 그 사랑이라도 파괴하려고 애쓸 것이다. 우리 삶에서 그 사랑이 파괴되면 여전히 숨 쉬면서 살아도 실상은 죽은 자나 다름없기 때문이다. 그 사랑이 파괴되면 우리는 여기 이 땅과 영원의 세상 양쪽 모두에서 생명이시며 사랑이신 주님에게서 분리된다.

이 '처음 사랑', 예수님을 향한 신부의 사랑보다 더 거룩하고 다정하고 고상한 것이 없지만, 그 사랑만큼 잃기 쉬운 것도 없다. 우리는 경비원이나 파수꾼 같은 사람이 되어야 한다. 예수님이 "조심하라!"라고 얼마나 자주 경고하셨는가! 그 단어는 '경계하다' 혹은 '지키다'라는 의미를 지닌다. 경계하고 지켜야 한다는 말이 무슨 뜻일까? 다른 무엇보다 이 '처음 사랑' 안에 남아 있도록 자신을 지키고, 그 사랑 안에 남아 있는지 확인해야 한다는 뜻이다. 그 사랑을 소망하고 지키지 못하게 방해하는 장애물을 제거해야 한다. 그 '처음 사랑'을 전혀 모르는 사람으로 남거나 예수님이 구원자시라는 진리를 처음 깨달았을 때는 그 사랑을 알기도 했다고 말하면서 그에 만족해서는 안 된다. 우리는 '오늘' 그 사랑을 체험하며 살아야 한다. 그렇게 하지 않으면 예수님이 경고하실 것이다.

"네 촛대를 옮기겠다."

예수님이 '처음 사랑'을 중요하게 여기셨다면 우리도 중요하게 여겨야 하지 않을까? '처음 사랑'은 우리가 받을 수 있는 가장 귀한 선물이다. 그 사랑을 얻으려고 영적 싸움을 하며 무슨 대가를 치르든지 힘써 구해야 한다. "어떤 사람이 사랑을 사려고 집 재산을 다 내놓아도 철저히 멸시받을"(아 8:7, RSV 역자 사역) 것이기 때문이다.

그렇다. 우리가 소유한 모든 것도 그 사랑을 살 만한 값으로는 턱없이 부족하다. 그러니 예수님이 은혜로 그 사랑을 우리 마음에 주시면 귀하게 여기고 지켜야 한다. 그 사랑이 우리의 가장 소중한 재산이다. 그 '처음 사랑'의 가장 작은 일부라도 잃어서는 안 된다.

CHAPTER 5

많은 용서, 많은 사랑

예수님을 향한 이 사랑이 정말 귀한 무엇이라면, 예수님을 향한 이 사랑이 정말 강력한 무엇이라면, 여기 이 땅의 삶과 영원한 세상에서의 삶이 그 사랑에 달려 있다면….

그렇다면, 다음과 같은 단순한 질문보다 더 급하고 예리한 질문은 결코 없을 것이다.

'그 사랑이 우리 마음에 부어지려면 무엇이 필요할까?'

'거기에서 한 걸음 더 나아가, 그 사랑의 은사를 계속 받으려면 무엇이 필요할까?'

'그 사랑은 어떤 식으로 유지될까?'

'그 사랑은 어떻게 자라고 강해질까?'

하나님 말씀이 이 질문에 대답한다.

"사함을 받은 일이 적은 자는 적게 사랑하느니라"(눅 7:47).

이 말씀을 긍정의 의미로 바꿔 표현하면 "많이 용서받은 사람이 많이 사랑한다"라는 뜻이다. 이는 예수님이 죄인인 어떤 여인에게 하신 말씀이다. 예수님은 사실상 바리새인 시몬에게도 동일하게 말씀하셨다. 예수님은 두 사람에게 돈을 빌려준 채권자에 관한 비유를 그에게 들려주신 뒤에 질문하셨다.

"둘 중에 누가 그를 더 사랑하겠느냐"(눅 7:42).

이에 시몬이 "내 생각에는 많이 탕감함을 받은 자니이다"(43절)라고 대답했고, 예수님은 "네 판단이 옳다"(43절)라고 하셨다. 예수님은 이 말씀 속에서 기본적인 영적 진리 한 가지를 설명하셨다. 가장 큰 빚을 면제받은 사람, 가장 크게 용서받은 사람이 예수님을 가장 많이 사랑할 것이라는 진리이다.

이런 눈물을 아는가

바리새인 시몬도 죄의 용서에 대해서는 알고 있지 않았을까? 구약의 시편은 그의 기도 책이었다. 그렇기에 분명 "허물의 사함을 받고 자신의 죄가 가려진 자는 복이 있도다"(시 32:1)라는 말씀이나 매우 중요한 회개의 노래인 시편 51편을 달달 외우고 있었을 것이다. 확실하다. 그러나 '회개'는 말 이상의 무언가와 관련이 있다. 한편으로 그것은 우리의 죄에 대한 통회의 마음 자세이고, 다른 한편으로는 우리의 죄가 용서받고 죄책감이 제거될 것이라는 신뢰의 마음 자세이다. 이런 마음에서 눈물이 흐른다.

죄인인 여자, 눈물로 예수님의 발을 적신 여인에게서 그런 눈물이 보인다. 그녀는 예수님에게 눈물을, 상한 마음에서 쏟아진 눈물을 가져갔다. 바리새인 시몬은 그런 눈물, 회개의 눈물에 대해서는 아무것도 몰랐다. 그는 자신의 죄로 인해 상심하지 않았기 때문에 예수님의 발 앞에 몸을 던지지 않았다. 그는 자신만만한 모습으로 허리를 곧추세우고 예수님 맞은편에 앉아 있었다. 그는 다른 사람들을 멸시했다. 그 여인을 깔보며 판단했다. 그 정도로 끝나지 않았다. 그는 예수님도 내려다보았다. 예수님이 말씀하시고 행하시는 모든 것을 우쭐대면서 뻔뻔하게 걸고 넘어졌다. 이는 보기 드문 태도가 아니다. 하나님께서 징계하실 때 혹은 고통이 찾아올 때 이런 태도를 보이는 사람들이 많기 때문이다. 우리는 하나님에 대해 판단하며 그런 일이 옳거나 공평하지 않았다고 말한다.

바리새인 시몬은 자기의, 즉 의롭다고 스스로 자부하는 태도와 오만의 옷을 입고 편안하게 지냈다. 그래서 자신의 죄 때문에 눈물을 흘리는 상태에 이르지 못했다. 그는 용서에 대해 아무것도 몰랐고, 따라서 다른 모든 것을 좌우하는 이 보물, 곧 예수님을 향한 사랑에 대해서도 아무것도 몰랐다. 예수님은 그에게 솔직하게 말씀하셨다.

"내가 네 집에 들어올 때"(눅 7:44).

그리고 곧 바로 세 가지 점을 설명하셨다.

"너는 … 안 했고, … 안 했고, … 안 했어!"

사랑은 그렇게 잘못된 점들을 설명한다. 사랑은 진실을 말해준다.

여기서 예수님은 그분을 향한 우리의 사랑을 성장하게 하는 주된 요소를 명백하게 설명하신다. 통회와 회개의 심령, 죄와 죄책감으로 인한 슬픔이다. 어떤 사람이 일단 자기에게 죄가 있다는 사실을 깨닫고 그것 때문에 슬퍼하면, 그 사람의 마음은 갈래갈래 찢어지지 않을 수 없다. 그 사람은 자기가 남들에게 한 짓을 깨닫는다. 그 사람에게는 그 행동을 지우거나 그 행동에 대한 대가를 지불할 능력이 없다. 그저 죄책감의 무게에 눌려 바닥에 쓰러지고 자신을 겸손하게 낮춘다.

그런데 엄청난 죄책감의 무게를 견디면서도 전혀 괴로워하지 않는 듯 보이는 사람들이 있다. 이런 사람들은 어깨를 으쓱하면서 말한다.

"어쨌거나 우리는 인간일 뿐이고, 정도의 차이는 있어도 다 죄인이잖아요!"

이런 사람들은 자기들이 저지른 죄의 대가를 지불할 능력도 없고 원래대로 되돌릴 능력도 없다는 사실을 깨닫고 마음으로 두려워 떠는 상황에 한 번도 이른 적이 없다.

그러나 예수님은 우리를 이런 관계 안으로 데려가기 원하신다. 그 관계가 예수님을 향한 진짜 사랑이 시작되는 지점이다. 예수님을 정말로 사랑하려면 단순한 것 한 가지, 곧 자신의 죄를 철저히, 실제적으로 인정하는 태도가 필요하다. 가혹하게 판단하는 말, 시기, 질투, 신의를 저버림, 험담, 사랑하지 않음, 무정함 등 우리가 일상에서 이웃들에게 짓는 죄를 자백해야 한다. 우리는 이런 죄들을 지어 이웃에게 고통과 괴로움을 안기고 그 사람의 삶을 파괴하지만, 그런 사실을 깨닫지조차 못한다. 이는 심각한 비극이다.

우리는 예수 그리스도를 믿는다. 우리가 하나님과 인간에게 계속 죄를 짓는다는 점도 인정한다. 그러나 실제 삶에서 죄를 지을 때는 우리가 죄를 지었다는 사실을 깨닫지 못한다. 오히려 자신을 변호한다! 자신의 행동, 말, 처신이 그렇게 나쁘지는 않았다고 주장한다. 우리는 나의 죄는 알아보지 못하면서 다른 사람들의 나쁜 행실은 매우 분명하게 가려내는 능력을 지니고 있다.

죄의 처리를 결단하라

그렇다면, 이렇게 하는 것이 첫째 단계이다. 예수님을 진정으로 사랑하기 원하면 자신의 죄를 처리하겠다는 각오를 반드시 다져야 한다. "주여, 저에게 보는 눈을 주소서. 제 죄를 깨닫게 해주소서! 저에게 죄가 있다는 것을 깨닫게 해주소서!"라고 매일 기도드려야 한다. 그리고 주님이

"너는 …과 …을 내 나라를 위해 드리지 않았다. 너는 …을 나를 위해 희생하지 않았다. 네 마음은 다른 사람들에게 집착한다. 너는 나를 위해 그들을 포기하지 않았다. 너는 이웃을 위해 …을 행하지 않았는데, 결국 나를 위해 행하지 않았다. 왜냐하면 내가 그 이웃의 모습으로 네게 왔기 때문이다"라고 말씀하실 때 주의 음성을 듣는 귀를 달라고 매일 구해야 한다.

인생의 구체적인 영역에서 죄를 분명하게 보아야 비로소 죄 때문에 불안과 슬픔을 느낄 수 있다. 하나님께서는 우리가 그렇게 죄를 알아보기를 마음 깊이 바라신다.

"죄인 한 사람이 회개하면 하늘에서는 … 기뻐하는 것보다 더하리라"(눅 15:7).

하나님께서는 회개를 위한 기도에 응답하실 것이다. 더 나아가, 죄에 대해 민감해지며 마음 아파할 것이다. 그러면 우리는 죄인이었던 그 여인처럼 예수님 발 앞에 엎드릴 것이다. 만일 어떤 사람에게 잘못을 저질렀다면 그 사람 앞에 자신을 낮추고 용서를 구하게 된다.

회개하면 죄조차 우리에게 유익한 것으로 바뀔 수 있다. 이를 체험한 여성이 있었다. 그녀는 유부남 한 사람과 오랫동안 가까운 친구로 지냈다. 그녀는 그리스도인이었다. 그러나 원수 사탄에게 속아 하나님께서 그 남자와 사귀게 하신 것이라고 생각했다. 그녀가 심중의 속사정을 의논할 수 있는 상대는 그 남자뿐이었다. 두 사람은 마치 서로를 위해 태어난 듯 서로를 이해했다. 그 남자가 그녀의 내적 삶을 풍요롭게 해주었다. 그런 우정이 어찌 죄가 될 수 있을까?

그러나 마침내 하나님의 빛이 두 사람의 관계를 비추었고, 그녀는 그 남자와의 관계가 죄가 된다는 것을 깨달았다. 그녀는 상대방 결혼 생활의 행복을 파괴한 자신의 책임이 얼마나 큰지 깨달았다. 마태복음 5장에 나오는 심판의 말씀이 그녀의 양심 위에 멈춰 섰다. 음욕을 품고 다른 사람을 바라보기만 해도 마음이 간음으로 더러워진다는 말씀이었다.

"만일 네 오른 눈이 너로 실족하게 하거든 빼어 내버리라"(마 5:29).

죄를 깨달은 그녀는 회개의 눈물을 흘리기 시작했다. 주님 앞에 죄를 자백했고, 그 남자와의 관계를 완전히 끊었다. 솔직하고 아름다운 슬픔과 회개에서 예수님을 향한 사랑이 크게 자라났다. 예수님은 이런 회개를 기뻐하신다.

그렇다면, 그 반대의 경우 또한 진실이다. 의롭다고 스스로 자부하면서 회개하지 않는 바리새인의 태도보다 예수님의 마음을 더 괴롭히는 것은 없다. 바리새인들은 하나님에 관해 모르는 게 없었다. 그들은 하나님의 말씀에 정통했다. 계명들을 지켰다. 그렇다고 믿었다. 이웃들을 섬겼다. 그렇다고 믿었다. 세심하고 꼼꼼하게 기도 시간을 지켰다. 그러나 그들은 하나님의 사랑에 관해서는 아무것도 몰랐다. 슬픈 마음으로 눈물을 쏟으며 "하나님, 자비를 베푸소서. 저는 죄인입니다!"라고 말하지 못했다.

예수님을 사랑하는 사람만이 진심으로 그렇게 말할 수 있다. 왜냐하면 그런 사람은 예수님이 회개의 기도에 용서로 응답하신다는 것을 깨닫고 예수님의 마음으로 다가가기 때문이다. 그런 사람은 탕자가 깨달은 진리, 곧 자신이 산더미처럼 쌓아 올린 죄들에도 불구하고 아버지께서 자신을 반갑게 맞아들여 잔칫상에 앉히신다는 진리를 깨닫는다. 그런 사랑 앞에서 무엇을 할 수 있을까? 감사하는 마음으로, 자신이 지닌 모든 사랑을 다해 그분을 사랑하는 반응 말고는 무엇도 할 수 없을 것이다.

눈물에 담기는 신부의 사랑

하나님께서 정확히 이것, 즉 죄 때문에 슬퍼하는 상한 마음을 '처음 사랑'을 회복하기 위한 출발점으로 주신다는 점은 놀랍고도 놀라운 은혜이다. 그런 마음은 신부의 사랑의 진실성을 입증한다. 왜냐하면 우리가 죄 때문에 슬퍼할 때는 무엇도 속이지 않기 때문이다. 예수님을 향한 나의 사랑이 죄로 인한 슬픔으로 가득할 때 그 사랑은 참되다. 왜냐하면 그 사랑이 단순한 느낌이나 열광에서 비롯된 것이 아니기 때문이다. 예수님에게 드리는 우리의 모든 사랑이 죄로 인한 아픔의 토양에 깊이 뿌리내리지 않은 사랑이라면 그 모든 사랑을 깊이 우려해야 한다. 그런 사랑은 너무 쉽게 단순한 어리석은 것으로 대체된다. 동틀 무렵의 붉은 하늘처럼 빨리 사라진다. 심지어 아픔과 해를 끼치기도 한다.

그러나 겸손하게 고개를 숙인 죄인의 상한 마음은 무언가 다르다. 그런 마음은 어떤 영묘한 영적 지대 주변을 떠돌지 않는다. 그런 마음은 단순한 인간적 열정과는 다르다. 더욱이 그런 마음은 가면을 벗겨버리면 혼적이고 인간적인 사랑만 드러내는 거창한 사랑의 어구들로 유혹하려는 사탄에게 당하지 않는다. 왜냐하면 사탄은 인격화된 오만이기 때문이다. 사탄은 자신을 겸손하게 낮추지 못한다. 사탄은 어떤 사람이 겸손한 마음으로 하나님 앞에 엎드리는 바로 그 장면에서 도망친다. 그러나 주님께서는 그런 사람을 높이 들어 올리시고 마음으로 받아주신다. 하나님의 사랑은 주께서 용서하시는 죄인들을 향하고, 그런 사랑은 그들 마음에 그 사랑에 보답하고자 하는 사랑의 불씨를 붙인다.

어느 시대에서나 자신들을 가장 분명한 죄인으로 여긴 사람들, 자신들의 죄 때문에 눈물을 흘린 사람들이 예수님을 가장 많이 사랑했다. 우리는 그 점을 막달라 마리아에게서 보았고, 사도 베드로의 경우도 그렇다는 점을 알고 있다. 베드로는 죄에 빠졌다. 그는 예수님을 부인했다. 그 후에 그 죄 때문에 가슴을 치며 눈물을 흘렸다. 예수님은 베드로가 그렇게 눈물을 흐린 뒤에야 비로소 그의 사랑에 관해 질문하셨고, 베드로는 오직 그렇게 눈물을 흘리고 나서야 비로소 진실하게 대답할 수 있었다. "내가 주님을 사랑하는 줄 주님께서 아시나이다"(요 21:15). 예수님을 향한 진짜 사랑이 태어나는 순간이었다. 이후에 베드로는 예수님을 따르며 고통과 시련을 겪는 동안, 그리고 결국 죽기까지 그 사랑을 지켰다.

사도 바울도 그런 은혜를 받았다. 그는 그리스도인들을 핍박했다. 그는 이 큰 죄의 짐 때문에 나중에 몇 번이고 되풀이해서, 일평생 자신을 바닥까지 겸허하게 낮췄다. 그러나 그는 다른 모든 것보다 예수님을 더 사랑하고 사력을 다해 예수님을 섬기는 데 이르렀다.

프랜시스도 예수님을 향한 큰 사랑을 지닌 인물이었다. 예수님을 향한 그의 뜨거운 사랑은 오늘날에도 많은 사람의 삶에 똑같은 사랑의 불씨를 일으킨다. 예수님을 향한 그의 뜨거운 사랑은 오직 회개를 통해서 나왔다.

그래서 주님은 엄중하게 심판하면서 우리 삶에 되풀이해서 관여하신다. 주님은 우리가 죄 때문에 슬퍼하면서 생활 방식을 바꾸는 데까지 데려가기 원하신다. 징계를 통해서라도 우리 마음에 '처음 사랑'을 다시 불러일으키길 원하신다.

언젠가 모세는 바위가 물을 뿜어낼 때까지 계속 내리쳤다. 하나님께서도 우리에게 회개의 눈물과 사랑의 물줄기가 터져 나올 때까지 돌 같은 우리의 마음을 반드시 내려치고자 하신다. 하나님께서는 우리에게 다른 방법을 쓰면 우리가 예수님을 향한 참된 신부의 사랑에 이르지 못하리라는 점을 아신다.

하나님은 우리를 아신다. 하나님께서는 의롭다고 스스로 자부하는 우리의 자기의, 곧 하나님과 하나님의 용서가 필요하다고 여기지 않고, 따라서 하나님을 사랑하지도 않는 태도를 아신다. 그래서 하나님께서는 심판으로 내리치는 사랑으로 우리를 계속 추적하시며 우리가 실상 어떤 상태인지 보여주신다. 하나님께서는 우리의 위선적인 자기 과신과 오만을 깨뜨리신다. 하나님께서는 우리를 파멸로 데려가시며 우리가 죄로 가득하다는 사실을 깨우쳐주신다.

우리가 죄를 깨닫고 예수님의 용서가 필요하다는 것을 깨닫는다면 반드시 예수님에게 가야 한다. 우리를 거기까지 데려오신 이가 바로 그분이시다. 그리고 그분의 용서의 사랑을 맛보았다면 감사하면서 온 마음을 다 드려야 하지 않을까?

심판을 통과한 축복

하나님께서 심판하며 강하게 내려치실 때 우리는 크게 축복받는다. 하나님의 심판이 우리의 회개로 이어지고, 그 다음에는 사랑으로 이어진다. 내가 아는 어떤 여성의 삶에서 그런 일이 매우 명확하게 일어나는 것을 보았다. 몇 해 전 일이다. 그녀가 휴가 여행 중에 자동차 사고로 크게 다쳤다는 소식이 들렸다. 그녀의 남편은 그 사고로 목숨을 잃었고, 그녀는 독일 남부의 한 병원에 입원했다. 그들 부부의 결혼 생활은 모범적이었다. 그런데 눈 깜빡할 새에 남편이 불의의 사고로 그녀 옆을 떠나고 말았다. 그녀는 그 사실이 무엇을 의미하는지조차 짐작하지 못했다. 절망의 파도가 덮쳤고 마음은 가장 어두운 밤중을 헤맸다. 평생의 사랑, 마음 가장 가까운 곳에 있던 사람이 갑자기 뜻밖에 세상을 떠나고 말았다. 공허함과 외로움이 마음을 가득 채웠다. 이런 고통이 언젠가는 끝날까? 어둠을 헤치고 나올 길이 도무지 보이지 않았다.

그녀는 하나님에 대해 다시 묻기 시작했다. 오래 전부터 하나님을 중요하지 않게 여기고 살았지만 이제 신앙심 깊은 그리스도인들과 접촉하려고 다시 한번 노력했다. 그렇게 이런저런 일들을 겪는 과정에서 주 예수님에 대한 살아 있는 믿음에 이르렀다. 그녀는 이러한 하나님의 심판의 일격을 통해 정말 놀라운 선물들을 받았다.

먼저는 자기의 죄를 깨닫는 데 이르렀다. 전에는 예수님이 들어오지 못하시도록 마음의 문을 닫고 살았기 때문이다. 그런 다음, 새로운 무언가가 그녀의 마음에서 자라기 시작했다. 예수님이 그녀를 가까이 끌어당기고 용서하시고 위로하시는 동안 예수님을 향한 큰 사랑이 그녀의 마음을 가득 채웠다. 이후로 그녀는 예수님을 따르고 사랑하길 소망하는 위로받은 사람이 되었다.

예수님을 향한 '처음 사랑'은 우리에게 올 수 있는 모든 것 중 가장 큰 행복이며, 가장 귀한 축복이다. 그 사랑을 갖고자 하는 사람은 하나님의 능하신 손 아래에 자신을 내려놓을 수 있어야 한다. 하나님의 다루심은 다양한 방식으로 온다. 다른 사람과의 인간관계를 통해서, 우리가 바라고 계획하고 뜻하는 바를 방해하는 모든 것을 통해서 온다. 이러한 하나님의 다루심 아래 놓이게 된다면 반드시 "하나님의 강하신 손 아래 겸손히 자신을 내려놓습니다. 저의 죄로 인해 하나님의 손에서 징계를 받아 마땅합니다"

라고 말해야 한다.

주님은 우리의 사랑을 기다리고 열망하신다. 그분이 우리를 징계의 길로 이끄실 때, 그리고 우리가 자신을 낮추고 죄인으로서 하나님 앞에 엎드릴 때 우리 마음에 '처음 사랑'을 불러일으켜주지 않으실까? 몇 번이고 되풀이해서 그 사랑을 새롭게 해주지 않으실까?

예수님을 향한 큰 사랑으로 우리를 이끄는 길이 이렇게 간단하기 때문에 어린아이도 그 사랑을 이해할 수 있고 예수님을 사랑할 수 있다. 하나님께서 징계와 심판을 통해 혹은 사람들의 책망을 통해 밝혀주시는 진실들에 단순하게 "네"라고 말하는 법을 배워야 한다. 이런 징계를 기꺼이 받아들여야지, 맞서 싸우거나 변명하면 안 된다. 일상에서 죄와 실수를 인정하는 법을 배울 때 하나님께 우리 마음에 주님의 사랑을 쏟아부어주실 길을 열어드리게 된다.

다른 사람들과 우리 사이에 긴장과 분열이 일어날 때 상대에게 책임을 떠넘기며 스스로 의롭다고 자부하는 독선적인 태도를 내려놓아야 한다. 이렇게 하지 못하면, 한 가지는 확실하다. 신부의 사랑이 우리 안에서 자라지 못하고 불길이 남아 있지 않을 것이다.

그러나 하나님과 사람들 앞에 우리 죄를 정직하게 자백하면 하나님께서 더 이상 우리의 죄를 들춰내지 않으실 것이며, 주의 사랑을 부어주실 것이다. 그리고 우리는 하나님께서 마음에 부어주신 그 사랑을, 예수님을 향한 신부의 사랑으로 드리게 된다.

CHAPTER 6

주님을 향한 사랑

형제자매를 향한 사랑

예수님이 어떤 사람에게 용서의 사랑으로 은혜를 베푸실 때 그 사람의 마음에는 한 가지 소망이 솟아오른다. 자기가 받은 사랑을 다른 이들과 나누고자 하는 소망이다. 우리가 '예수님의 길로 행한다'는 말은 예수님이 이 땅에 사시며 가신 길을 따라 사는 것을 뜻한다. 예수님의 생애에서 특징적인 것은 형제자매들을 사랑하는 데 전적으로 전념하셨다는 점이다.

예수님은 사람들을 지극히 사랑하셨기에 그들을 향해 가셨다. 예수님은 자신이 창조하신 피조물들을 지극히 사랑하셨기에 그들과 함께 살아가려고 아버지와의 교제를 떠나 하늘의 영광 밖으로 나오셨다. 성경은 예수님을 우리의 '머리'라 하고, 우리를 그분 몸의 '지체'라 한다(고전 12:12-27, 엡 1:22을 참고하라-역자 주). 예수님을 향한 사랑을 품으면 예수님과 성령(Holy Spirit)과 하나가 되기 때문이다.

예수님을 위한 한 가지 일, 사랑

우리는 예수님에게 속한 모든 이, 즉 예수님이 사랑하셨고 죽으심으로 살리신 모든 이를 주님을 향한 사랑의 힘으로, 예수님 안에서, 그리고 예수님과 함께 사랑할 수 있다. 예수님을 향한 진정한 사랑은 예수님과의 개인적 관계 이상이다. 예수님을 향한 사랑은 어떤 사람이 가질 수도 있는 좋은 느낌 이상이다. 성경에 의하면, 예수님을 진정으로 사랑하면서 형제자매들을 사랑하지 않는 일은 생각할 수도 없고 불가능하다. 예수님을 사랑한다는 말은 형제자매들 안에서 예수님을 섬긴다는 의미이다.

제자들은 부활절 직후에 이를 깊이 느꼈다. 예수님은 그들의 사랑에 새로운 불을 붙여주자마자 사랑을 명하셨다.

베드로에게 그의 사랑에 관해 질문하셨고, "내 양을 먹이라"(요 21:15)라고 명하며 대화를 끝마치셨다! 그렇다. 어떤 사람이 예수님을 사랑하면 뜨거운 마음을 품기 마련이고, 그러면 그 사람은 예수님을 위해 반드시 한 가지를 하려고 한다. 바로 사랑이다.

"너희가 서로 사랑하면 이로써 모든 사람이 너희가 내 제자인 줄 알리라"(요 13:35).

예수님은 죄인인 여인을 칭찬하시며 "그의 사랑함이 많음이라"(눅 7:47)라고 말씀하셨다. 이는 먼저, 예수님을 향한 사랑에 관한 말씀이다. 그러나 그 말씀은 또한 그 범위를 넘어선다. 그 말씀은 이웃들과의 관계에도 적용된다.

프랜시스는 비할 데 없이 열정적으로 예수님을 사랑했다. 그는 예수님에게서 '그의 영혼의 신랑'을 발견했다. 그는 회심 당시 '예수님의 달콤함'으로 충만했다. 그러면 그 큰 사랑에서 어떤 결과가 나왔을까? 예수님이 어루만져주시자 그는 나병 환자에게 가서 사랑으로 입 맞추고 보살펴주는 일도 했다. 예수님을 진정으로 사랑하면 더 이상 자기를 위해 살지 못한다.

"너희가 나를 사랑하면 나의 계명을 지키리라"(요

14:15).

그리고 예수님의 계명들은 한 문장으로 요약된다.

"네 이웃을 네 자신같이 사랑하라"(마 22:39).

예수님의 사랑은 우리를 스스로에게서 해방시킨다. 그 사랑은 수세기를 통해 기독교 교회 안에서 자비의 사역을 일으키는 원동력으로 작용했다. 교회에 전해 내려오는 이야기에 의하면, 사람들은 초기 그리스도인들에 대해 "보라, 저들이 어떻게 서로 사랑하는지!"라고 말했다고 한다. 베드로와 바울의 가슴에서는 예수님을 향한 뜨거운 사랑이 불타올랐다. 그들은 온갖 핍박을 받았지만 예수님의 이름으로 말하기를 멈출 수 없다고 주장했다. 초대 교회 신자들은 예수님을 향한 그런 뜨거운 사랑으로 형제자매들을 끌어안아 모든 것을 나눠 쓰며 함께 소유했다(행 2:44,45).

예수님을 따르는 이들은 그분을 향한 뜨거운 사랑으로 마음이 크게 움직여 다른 사람들을 향한 새로운 사랑의 행위를 계속 펼쳤다. 병자들을 치유했고, 가난한 이들을 도왔으며, 과부를 보살폈고, 배고픈 이들을 먹였다. 그 뜨거운 사랑의 행위는 빌헬름 뢰헤(Wilhelm Lohe)가 바이에른

지방에 창립한 '여성 집사 운동' 같은 형태로 오늘날까지 계속 이어져 내려온다. 빌헬름 뢰헤는 그 운동의 목적에 대한 질문을 받자 다음과 같이 또박또박 적었다.

"나는 주님의 가난하고 비참한 형제자매들 안에서 … 감사하고 사랑하는 마음으로 주님을 섬길 것이다.… 내가 주님을 사랑하다 죽으면 주님은 멸망하게 두지 않으실 것이다."

예수님을 향한 사랑은 사랑의 형태로 이웃들에게로 흘러나간다. 예수님을 향한 사랑으로 이웃을 사랑하는 일은 정말 당연하고 따로 설명할 필요도 없는 일이라 '양들'은 예수님이 마태복음 25장의 대심판(Great Judgment) 장면에서 그들에게 말씀하실 때 영문을 몰라 당황한다. 그들은 "주여 우리가 어느 때에 주께서 주리신 것을 보고 음식을 대접하였으며 목마르신 것을 보고 마시게 하였나이까"(마 25:37)라고 질문한다. 이에 예수님은 "내가 진실로 너희에게 이르노니 너희가 여기 내 형제 중에 지극히 작은 자 하나에게 한 것이 곧 내게 한 것이니라"(마 25 ; 40)라고 대답하신다. 그들은 예수님을 향한 사랑으로 그런 일들을 하는 것일 뿐 스스로 의식하지 못하고 행했다. 그들은 이웃을 사랑하고 섬겼으며, 그런 행동을 두고 스스로 높이지도 않았고, 그 일을 멈추지도 않았다.

나는 누구를 사랑하는가

예수님을 사랑한다는 말은 예수님의 본성을 지닌다는 뜻이다. 예수님의 사랑은 자신을 낮추어 가난하고 비천한 이들과 멸시받고 천대받는 이들에게 가는 사랑이었고 지금도 그렇다. 예수님은 종종 세리들과 죄인들과 어울리셨다. 소박하고 무식한 어부들과 사귀면서 사셨다. 그러면서 그분 자신은 여인들이 공급하는 물건들과 음식에 만족하셨다.

누가 하나님의 사랑의 대상일까? 하나님의 사랑은 누구에게로 향할까? 타락한 인간 본성에서 비롯되는 사랑은 천성적으로 호감 가는 사람들과 접촉하고 우애를 다지고 싶어 한다. 우리의 인간적인 사랑은 지위, 지식, 능력, 성적인 매력 같은 것들에 매료된다. 우리는 자기 취향에 딱 맞는 사람들에게 끌린다. 영적인 면에서든 정신적인 면에서든 신체적인 면에서든 재능과 소질을 풍부하게 받은 사람들을 찾아 나선다. 그러나 사도 바울은 "하나님께서 세상의 천한 것들과 멸시 받는 것들과 없는 것들을 택하셨다"(고전 1:28)라고 일깨운다. 이해 못 할 일이다! 크고 영원하고 전능하신 하나님께서 많고 많은 인간 중에서 가난하고 비참한 이들을 하나님과 친밀하게 교제하는 자들로 택하신다니 이해할 수 없는 일이다.

그러므로 하나님께서는 사랑으로 보혈을 흘려 죄에서 구하신 모든 사람에게 이와 같은 사랑을 찾으신다. 하나님의 사랑은 연민과 선함과 용서로 가득하다. 하나님께서는 주님께 속한 모든 이의 얼굴에서 이와 같은 연민의 사랑, 하나님의 사랑을 닮은 사랑을 찾으신다.

우리는 다른 사람들에게로 냇물처럼 흐르는 이런 사랑을 삶의 어떤 영역에서 나타내는가? 그 사랑이 우리를 어디로 이끄는가? 자연적 관점에서 볼 때 상대하기 불편한 사람들에게 끌리는가? 하찮은 견해와 생활 방식과 태도를 지닌 사람들, 영적인 은사를 별로 받지 못한 사람들, 영혼의 고결성을 거의 찾아보기 힘든 사람들, 집안의 자랑거리나 내세울 만한 것이 아무것도 없는 사람들에게 끌리는가?

장차 어느 날, 우리는 다른 어떤 사랑이 아니라 이런 사랑을 지니고 살았는지 질문 받을 것이다. 예수님은 우리가 정신없이 빠져들었던 인간적인 사랑이 아니라 자신이 생생하게 그려주신 사랑, 하나님의 사랑을 닮은 사랑을 지니고 살았는지 물으실 것이다. 하나님께서는 우리 모두가 하나님의 심판의 보좌 앞에 설 때 우리를 향한 하나님의 사랑을 척도로 삼으실 것이다. 그것을 기준으로 우리의 행실을 측정하실 것이다.

하나님의 사랑은 하나님의 본성상 자비로 충만하다. 원수를 사랑할 수 있다는 점이 그 사랑의 특징이다. 왜냐하면 그 사랑은 '용서하는 사랑'이기 때문이다. "사랑은 허다한 죄를 덮느니라"(벧전 4:8)라는 말은 잘못 기록된 것이 아니다. 그러므로 어떤 사람이 법정 소송으로 몰고 가면서까지 다른 사람에 대한 권리를 관철시킨다면 그것은 더 이상 예수님과 주님의 용서하시는 사랑을 닮은 행동이 아니다. 오히려 지옥을 드러내는 행동이다. 왜냐하면 사탄은 비난하는 자이며, 우리를 해하려고 모든 것을 기록하기 때문이다. 그러나 우리가 예수님에게 속할 때, 예수님의 사랑이 우리를 붙잡을 때 사탄은 더 이상 힘을 쓰지 못한다. 우리와 형제자매들 사이를 이간질하지 못한다.

예수님의 사랑의 특징은 무엇일까? 참된 신부의 사랑으

로 예수님을 사랑하며 살아가는 이들의 사랑은 어떤 특징을 가지는가? 예수님은 모든 사람을 사랑하신다. 예수님은 '세상을 이처럼 사랑하신'(요 3:16) 아버지(Father)와 하나이시다. 그리스도 안에 있는 사람이라면 자기와 가까운 사람들만 사랑하거나 인류의 일부만 사랑해서는 안 된다. 모든 사람, 친구와 적들을 사랑한다.

예수님을 사랑하는 사람은 모든 사람을 사랑으로 끌어안을 수 있는 넓은 마음을 지닌다. 예수님을 사랑하는 사람은 사랑에 울타리를 치지 않는다. 그 사람은 자신이 속한 사회, 자신의 육신적 혹은 영적 가족, 교회나 친교 모임, 자신의 지역이나 국가에 사랑을 제한하지 않는다. 그런 한계를 정하지 않는다.

예수님의 사랑은 무슨 일을 당해도 멈추지 않는다. 어쩌면 사람들이 그 사랑을 저버릴지 모른다. 어쩌면 그렇게 사랑하는 사람을 원수처럼 대할지 모른다. 배은망덕과 악행으로 보답할지 모른다. 그래도 그 사랑은 굴하지 않는다. "일곱 번뿐 아니라 일곱 번을 일흔 번까지"(마 18:22) 용서해야 할지라도 굴하지 않는다.

상한 마음에 사랑이 부어진다

자기를 낮추고, 용서하고, 자비로 충만하고, 모든 이를 끌어안는 이 사랑을 얻기는 쉽지 않다. 혼자의 힘으로 그 사랑에 이르기는 전적으로 불가능하다. 이는 인생의 매우 어려운 국면들 가운데 하나로, 우리는 바로 이 부분에서 거듭거듭 비틀거리고 넘어진다. 용서하지 못하고 자비를 베풀지 못한다. 상대하기 어려운 사람을 마주하면 우리의 사랑은 예수님의 기준에 미치지 못한다. 그렇게 사랑하기가 불가능하다고 말하면서 우리의 잘못에 대해 변명하거나 좌절한다.

사실, 예수님을 향한 참된 신부의 사랑은 우리가 행하는 어떤 것을 요구하지 않는다. 이 사실을 알게 되면 정말 기쁠 것이다. 예수님을 향한 참된 신부의 사랑이 요구하는 것은 잘못과 죄를 깨닫는 상한 마음이다. 그리고 형제자매를 향한 참된 사랑은 이와 동일한 오솔길을 따라 태어난다.

어떤 사람이 자기 안에 진실한 사랑이 조금도 없다는 것을 깨닫는다. 그 사람 눈에는 자신의 죄, 사랑하지 않는 태도만 보인다. 그 사람은 그런 답답한 상황에 떠밀려

몇 번이고 예수님에게 나간다. 오직 예수님만이 사랑의 샘이시기 때문이다. 그러면 예수님은 사랑하는 마음으로 그 사람에게 형제자매를 향한 진실한 사랑을 주신다. 예수님이 이런 사랑을 주실 때 우리는 예수님의 피조물들을 사랑하는 법을 점점 더 많이 배우며, 사랑에 한계를 설정하고 울타리를 치던 행동들을 내려놓는다. 그러면 예수님은 우리가 주님이 창조하신 모든 것, 우주 전체를 사랑할 수 있도록 더욱더 많은 사랑을 주신다.

죽음으로 생명을 낳는 사랑

예수님은 다정한 말 몇 마디와 애정 어린 감정 몇 가지로 사랑을 표출하지 않으셨다. 그분은 행동으로 자신의 사랑을 입증하셨다. 그분은 자신을 낮추고 모든 인간을 섬기는 종이 되셨다. 예수님은 모든 영광과 부와 특권을 다 내려놓고 죽기까지 순종하셨다. 예수님의 사랑으로 충만한 제자들의 삶에서는 이와 동일한 특징이 나타날 것이다. 그들은 사랑의 씨를 뿌릴 수 있는 권리 이외의 다른 권리를 구하지 않는다. 다른 사람들의 불쾌한 행동을 감수한다. 어떤 희생이라도 치를 수 있으며, 모든 것을 포기할 수 있는 능력을 지니고 있다. 다스리기를 구하지 않고 섬기기를 구한다.

예수님을 향한 이런 사랑에는 특징이 있다. 죽음도 불사한다는 점이다. 그렇다. 그런 사랑에만 생명이 있다. 예수님은 우리를 지극히 사랑하셔서 십자가에서 죽으셨다. 그 사랑이 지금 우리 안에 진정한 신부의 사랑의 불을 붙인다. 그 사랑의 불이 내면에서 뜨겁게 타오를 때 우리는 형제자매들을 위해 기꺼이 죽을 준비를 갖추게 되며, 사도 바울과 함께 "그러므로 내가 택함 받은 자들을 위하여 모든 것을 참음은 그들도 그리스도 예수 안에 있는 구원을 영원한 영광과 함께 받게 하려 함이라"(딤후 2:10)라고 말할 수 있게 된다. 그렇다. 이는 누군가가 구원을 얻게 된다면 모든 것을 다 내어줄 수 있는 사랑이다.

예수님을 사랑하면 그분이 사랑하시는 이들을 모두 구원하려는 열정을 불사르게 된다. 이것이 영광된 예수님의 이름을 선포하는 선교사들의 원동력이다. 이것이 사도들을 몰아붙여 낯선 땅과 도시로 가게 한 원동력이다. 예수님의 이름 안에서 구원과 축복을 얻은 사도들은 그 이름에 대해 침묵한 채 살아갈 수가 없었다. 예수님의 이름 안에 구원과 축복이 있다는 것이 사도들이 유대인과 이방인 양쪽 모두에게 전한 메시지였다. 예수님을 향한 신부의 사랑을 지니면 가장 사랑하는 그분, 우리의 마음을 사로잡은 그분을 세상에 알리려는 뜨거운 열정을 품게 되고, 그분의 아름다움과 사랑, 구속의 능력을 찬양하게 된다. 그리고 다른 이들도 가장 귀한 이 축복, 예수님의 사랑을 나눠 가질 수 있도록 그들을 향한 사랑으로 불타게 된다.

예수님을 향한 사랑을 지닌 이들의 혀는 글 솜씨가 뛰어난 서기관의 붓끝과 같아서(시 45:1) 그들의 입에서 나온 사랑의 말이 다른 사람들 마음에 감동을 주어 그들의 구원이시며 축복이신 주님을 향한 사랑에 불붙게 했다. 모든 선교사가 예수님 사랑의 대사들(ambassadors)이었다. 그들은 예수님의 사랑에 먼저 마음을 빼앗긴 이들이었다. 엠마오로 가는 두 제자처럼 "우리에게 말씀하시고 우리에게 성경을 풀어주실 때에 우리 속에서 마음이 뜨겁지 아니하더냐"(눅 24:32)라고 말한 이들이었다. 기쁨과 성령으로 충만한 그들의 마음을 사랑으로 뜨겁게 하신 예수님을 전했다. 하나님의 모든 자녀를 향한 사랑, 특별히 오지에 떨어져 예수님의 사랑을 가장 절박하게 찾는 사람들을 향해 이 사랑이 흘러갔다.

    예수님의 크신 사랑에 실로 경이로운 힘이 있다! 그리고 우리가 형제자매들에게 축복이 될 수 있다. 그리고 영적 능력을 지닌 그분의 이름을 세상에 알리는 증인들로 살아갈 수 있다. 주님이 우리를 구속하실 때 주신 메시지는 다른 이들도 예수님을 알며 따르게 하고, 형제자매들을 위해 전념하는 것이다.

CHAPTER **7**

주님을 향한 사랑

예수님의 고난을 나누는 교제

              사랑에 빠진 사람은 사랑하는 사람과 모든 시간을 보내고 싶어 한다. 마찬가지로 예수님을 사랑하는 사람들은 예수님 가까이 있고 싶어 한다. 그래서 예수님이 계신 곳으로 간다. 그리고 예수님은 그런 사랑에 답하신다. 주님은 그분을 사랑하는 이들이 그분과 함께 있기를 원하신다. "나 있는 곳에 나를 섬기는 자도 거기 있으리니"(요 12:26)라고 말씀하실 때 뜻하신 바가 그것이다.

천국에서는 예수님을 사랑하는 사람들이 그곳에 사시는

예수님의 영광된 삶, 왕의 능력을 지닌 삶, 하늘의 축복을 받는 삶을 함께 나눌 것이다. 그러나 우리가 진짜 예수님을 사랑한다면 여기, 이 땅에서 살아가는 동안에 예수님이 이 땅에서 살아가셨던 삶을 기꺼이 나눌 각오가 되어 있을 것이다.

예수님은 자신이 땅에서 걸은 길을 따르라고 자신에게 속한 이들에게 거듭 명하셨다.

"내가 주와 또는 선생이 되어 너희 발을 씻었으니 너희도 서로 발을 씻어주는 것이 옳으니라"(요 13,14).

"너희 중에 누구든지 크고자 하는 자는 너희를 섬기는 자가 되고 … 인자가 온 것은 섬김을 받으려 함이 아니라 도리어 섬기려 하고"(마 20:26,28).

예수님은 이렇게 말씀하시며 예수님과 함께 겸손과 낮춤의 길을 따라 걸으라고 명하신다. 그리고 거기에서 한 걸음 더 나아가 말씀하신다.

"제자가 그 선생 같고 종이 그 상전 같으면 족하도다 집 주인을 바알세불이라 하였거든 하물며 그 집 사람들이랴"(마 10:25).

"내가 너희에게 종이 주인보다 더 크지 못하다 한 말을 기억하라 사람들이 나를 박해하였은즉 너희도 박해할 것이요"(요 15:20).

"너희는 내가 마시는 잔을 마시며 내가 받는 세례를 받으려니와"(막 10:39).

이 땅에서 예수님과 동행하는 사람들은 예수님의 고난에 동참한다.

모든 일에 기꺼이 함께하는 사랑

예수님은 이 땅에서 십자가를 지셨다. 그러나 그것은 일회성 사건이 아니었다. 십자가를 지는 것은 예수님의 삶 전체의 특징이었다. 그래서 예수님은 "자기 십자가를 지고 나를 따를 것이니라"(마 16:24)라고 말씀하신다. 정말로 예수님은 "누구든지 자기 십자가를 지고 나를 따르지 않는 자도 능히 내 제자가 되지 못하리라"(눅 14:27)라고 말씀하신다. 이것이 예수님의 제자가 예수님을 향한 사랑을 증명하는 방식이다.

예수님의 제자는 주님과 함께 있고, 주님이 가시는 길에 동행하며, 어떤 희생을 치르든지 예수님을 따르는 삶을 선택한다. 이는 단순하게 예수님이 땅에서 살아가신 삶을 추억하기 위한 행동이 아니다. 예수님을 향한 사랑은 단순히 주님이 땅에서 사는 동안 받으신 고난에 공감하는 것이 아니다. 예수님을 향한 사랑은 오늘 예수님이 살아 계시며 영원히 존재하는 그리스도로서 느끼시는 고통을 함께 느낀다.

신부는 신랑을 사랑할 때 신랑의 길이 험하더라도 따라간다. 신부는 그 길이 어려운 길인지 묻지 않으며, 그 앞에 어떤 어려움이 있을 것인지도 묻지 않는다. 오직 하나, 신랑과 함께 있고 신랑의 삶을 함께 나눈다는 점이 중요하다. 사랑은 가장 사랑하는 사람이 견뎌야 하는 어려운 일들을 함께 나누기 원한다. 내가 가장 사랑하는 사람 내면의 성역, 그 사람의 매우 어려운 상황을 나누는 것은 특권이다. 사랑하는 사람에게 신뢰받는 것은 큰 선물이다. 이를 체험한 사람들은 그것이 얼마나 귀한지 잘 안다.

사랑은 오직 하나의 슬픔만 안다. 사랑하는 사람과 떨어지는 슬픔이다. 이것이 사랑하는 사람이 견뎌야 하는 가장 심한 고통이다. 사랑하는 사람의 삶을 함께 나누다가 고통이나 절망을 경험한다 할지라도, 그 사람과 떨어지는 아픔에는 비할 것도 아니다. 사랑은 자기가 가장 사랑하는 사람이 고통당하는 것을 볼 때 그 고통을 잘 견딜 수 있도록 도울 방법을 바로 모색하는 법이다.

베토벤의 오페라 〈피델리오〉(Fidelio)는 그런 주제를 표현한다. 남편이 억울하게 감옥에 갇히자 아내는 남편을 구하기 위해 감옥에 잠입할 방법을 알아낼 때까지 마음을 쓰며 애를 태운다. 인간적인 사랑도 이렇다면 사랑 중의 사랑, 예수님의 사랑이 우리를 온전히 사로잡을 때는 어떠하겠는가?

그리스도 예수의 마음을 품으라

예수님을 사랑하는 제자 한 사람이 갓난아기 예수님을 본다고 하자. 아기 예수님의 침대, 외양간의 여물통은 딱딱하다. 그런 다음 성인이 되신 예수님, 십자가에서 죽으신 예수님을 본다. 주님이 얼마나 가련하고, 무력하며, 무방비하고, 무명하게 보이는가! 갑자기 그 사람은 그리스도인으로서 자신의 신분에 불편함을 느낀다. 그런 사람에게는 사도 바울이 빌립보 지방의 신자들에게 보낸 편지에서 말하는 '그리스도 예수의 마음'(빌 2:5-8을 참고하라-역자 주)이 필요하다. 예수님은 우리를 위해 가난하게 되셨다.

그러므로 진정으로 예수님에게 가까이 가려는 제자는 세상의 물건들을 거저 주어야 하며 가난을 어느 정도 체험해야 한다.

예수님을 사랑하는 제자는 주님이 영광의 왕이시며 세상과 인간의 창조주이심을 안다. 그러나 이름 없는 목수의 아들로 성장하시고, 떠돌이 설교자로 땅 위를 걸으시며, 명성도 명예도 없이 바리새인들에게 계속 모욕당하시는 예수님의 모습을 지켜보아야 한다. 그런 모습을 볼 때 진실한 제자는 예수님에게 가까이 가서 그 힘든 길에 동행하기를 간절히 바란다. 진실한 제자는 직장에서나 모임에서도 자랑할 거리가 없고, 알아주지도 않으며, 영향력도 행사할 수 없는 자리를 구한다. 그 사람은 가난하게, 이름 없이 살고자 노력한다.

'처음 사랑'은 가난하고 낮은 길을 따라 예수님과 동행하려고 구체적인 방법을 찾는다. 어떤 사람이 이런 '처음 사랑'에 붙들리면, 비록 그가 인생사에 너무 집착하고 직장에서 높은 지위에 있는 사람이라 할지라도, 모든 것을 기꺼이 포기하려는 마음이 그 사람 안에 일으켜지기도 한다.

한번은 교사 한 사람이 가난하고 낮은 길로 가라는 예

수님의 소명을 받았다. 예수님은 그녀에게 예수님과 동행하면서 가난한 이들 중에 가장 가난한 이들을 섬기라고 명하셨다. 그녀는 유능한 실력을 가지고 있었고 학교에서 존경받는 교사였다. 그리고 그녀가 받을 퇴직연금은 상당했다. 건강이 좋지 않았던 그녀에게는 직장에서 보장하는 퇴직연금과 의료보험 혜택이 정말 많은 것을 의미했다. 그러나 그녀는 예수님을 사랑했고, 예수님이 자신이 다른 길로 가기를 기다리고 계신다는 것을 알고 있었다.

그녀는 그 길을 택했다. 교사직을 사임했고, 의료보험 혜택과 퇴직연금을 포기했다. 그리고 의료보험도 퇴직연금도 없는 우리 자매회에 들어왔다. 그녀는 주택단지의 한 유치원에서 일했다. 아이들은 무척 가난했고, 일은 고됐다. 그녀는 '가난한 이들 중에 가장 가난한' 그 아이들을 위해 사랑으로 봉사하면서 아무 보수도 받지 않았다. 오히려 필요한 모든 것을 얻기 위해 오직 믿음으로 주님만 의지해야 했다. 그러나 예수님을 향한 사랑으로 기쁘게 그 길로 걸었고 많은 이에게 축복이 되었다.

예수님은 이 땅에서 단지 가난하고 낮은 길로만 걸으신 것은 아니다. 하지만 그 길은 결국 고난의 길로 이어졌다.

예수님의 제자는 사랑하는 그분을 볼 때 가시관을 쓰시고, 로마 병사들이 조롱하려 쥐어준 갈대를 손에 드시고, 그 얼굴에 침을 맞으시고, 조롱당하고 욕설을 듣는 그분의 모습을 보지 않을 수 없다. 그럴 때 진실한 제자는 예수님과 함께 있기를 여전히 원하며, 그런 고난까지도 예수님과 함께 겪기를 원한다. 우리는 사랑의 힘으로 기꺼이 고난을 견디면서 예수님과 동행할 수 있다. 우리가 굽히지 않고 예수님의 그 길로 간다는 이유로 사람들이 우리를 떠나고, 나쁘게 평하고, 우리 이름을 헐뜯을지 모른다. 그러나 그것이 우리의 길이다.

예수님을 사랑하는 사람은 십자가를 지고 골고다로 향하시는 예수님의 모습을 본다. 예수님은 그 무게를 못 이겨 몇 번이나 쓰러지신다. 오직 한 사람, 구레네 시몬만이 십자가로 향하는 예수님을 도왔지만, 그는 억지로 예수님의 십자가를 대신 짊어졌다. 예수님은 오늘도 여전히 세상의 십자가를 짊어지신다. 예수님은 제자들이 던져버린 모든 십자가를 짊어지셔야 한다. 진실한 제자는 이런 모습을 본다. 예수님을 향한 그의 사랑은 이런 상황에서도 예수님을 따르려는 뜨거운 열정을 지닌다.

"그 십자가를 제 어깨 위에 놓으세요. 제가 기쁘게 지고 가겠습니다!"

그 사람은 허리를 구부려 하나님께서 그의 어깨 위에 놓으시는 짐을 짊어지고, 그러면서도 자기가 사랑하는 그분과 함께할 수 있다는 사실에 날마다 감사드린다. 그는 자기가 그렇게 십자가의 길로 갈 때 주님과 얼마나 가깝게 결합되는지 잘 알고 있다.

사랑이 제자를 만든다

예수님이 땅에서 일하시는 동안 함께했던 제자들은 고난의 길로 가시는 예수님과 동행하기 원하는 이런 사랑을 거의 드리지 않았다. 오늘 우리도 마찬가지다. 예수님의 제자들은 예수님이 이곳저곳 두루 다니며 사역하시는 동안 예수님과 함께했다. 그들은 예수님을 향한 사랑으로 모든 것을 버렸고 예수님과 함께 시련과 가난을 겪었다. 그러나 그들의 사랑은 여전히 미약했다. 그들의 사랑은 아직 참된 신부의 사랑이 아니었다. 모든 일을 예수님과 함께하려는 그들의 의욕에는 한계가 있었다. 그들은 예수님과 함께 고난에 들어갈 준비가 되어 있지 않았다.

예수님은 수난이 시작되기 전에 "나 있는 곳에 나를 섬기는 자도 거기 있으리니"(요 12:26)라고 말씀하셨다. 그러나 고난이 시작되었을 때 예수님은 열두 제자들 중에서 누구를 발견하셨던가? 그들은 어두컴컴한 겟세마네에서 예수님만 혼자 남겨놓고 잠을 잤다. 예수님이 체포당하시자 도망쳤다. 예수님이 결박되어 가야바에게 끌려갔을 때, 예수님의 제자라고 공개적으로 신분을 밝힌 제자들은 한 명도 없었다. 가야바의 법정에서 심문받는 예수님의 모습을 멀리서 지켜보던 제자 한 명은 결국 예수님을 부인했다.

예수님은 다섯 차례 심문을 받으셨지만 그때마다 재판관 앞에 홀로 서셨다. 또한 사람들이 예수님을 채찍으로 때리고 머리에 가시관을 씌웠을 때, 그리고 예수님이 십자가를 지고 밖으로 나가셨을 때 어떤 제자도 예수님 옆에 없었다. 예수님이 결국 십자가에 달리셨을 때 단 한 명, 제자 요한만 거기 있었다.

아마 그들은 나중에서야 "나 있는 곳에 나를 섬기는 자도 거기 있으리니"라는 말씀을 떠올렸을 것이다. 잘못을 책망하는 그 말씀이 날카롭게 그들의 가슴을 찔렀을 것이다.

'나는 결국 실전에서는 예수님과 함께하지 않았어.'

아마 그들은 그 말씀을 이후에 살아갈 날들의 지침으로 삼았을 것이다. 그들이 나중에 회개하고 예수님을 향한 진실한 사랑을 마음에 품었을 때, 그 말씀이 '주님이 계시는 곳에 나도 있어야 하며, 어떤 희생을 치르더라도 그렇게 하리라'는 점을 계속 일깨웠을 것이다. 그리고 그들은 정말로 그렇게 했다. 예수님과 함께 십자가의 길로 갔고, 고난과 핍박과 죽임을 당했다. 그러므로 그들은 이 땅에서 마음을 다해 사랑했던 주님과 천국에서 다시 한번 함께 있을 것이며, 영광 중에 계신 그분과 함께 지낼 것이다.

오늘 예수님은 주님을 사랑할 사람들을 찾으신다. 예수님의 수난이 시작되자 저버리고 도망쳤던 제자들과 달리 예수님을 저버리지 않을 사람들을 찾으신다. 부활 이후의 제자들처럼 예수님과 함께 머물러 있을 사람들을 찾으신다. 오늘 예수님을 향한 사랑으로 십자가를 지는 제자로 살아갈 사람들을 찾으신다.

오직 예수님을 사랑하는 사람들만 그런 제자의 삶을 갈망한다. 그들은 언제나, 어떤 상황에서든지 예수님과 함께 있고 싶어 한다. 어쩌면 그들은 그 자체로 행복한 삶을 살고 있다. 예수님을 사랑하는 사람들은 더 이상 주님과 떨어져 혼자 살지 못한다. 그들은 예수님이 그들의 생명이심을 안다. 예수님을 사랑하는 사람들은 주님이 계신 곳에 생명이 있다는 진리를 배운다. 예수님은 행복과 기쁨의 샘이시다. 우리가 슬픔의 한가운데 있을 때조차도 그렇다. 예수님, 바로 그분이 기쁨이고 평화이며 만족이다.

가장 값진 진주는 고난의 잔 바닥에 있다

예수님과 함께 십자가의 길로 가는 사람들은 하나님 마음의 큰 비밀들 안으로 휩쓸려 들어간다. 그들은 가장 값진 진주, 감춰진 보물을 고난의 잔 바닥에서 발견할 것이다. 진실하고 가장 깊은 사랑의 가치는 고난의 길을 걸을 때 밝혀질 것이다. 왜냐하면 고난의 길을 걸을 때 하나님의 마음과 사랑을 깨닫는 열쇠를 받게 되기 때문이다. 우리가 고난의 길을 걸을 때 성령께서 하나님의 마음과 사랑과 아픔을 계시해주실 것이다.

하나님은 그분의 자녀임에도 그분 품에 안기지 않는 사람들로 인해 마음 아파하신다. 하나님께서는 그들을 위해 예수님을 내어주어 죽음의 길을 가게 하셨다. 그러나 하나님께서는 그들이 그에 대한 보답으로 하나님을 사랑하지 않고, 심지어 하나님을 믿는 이들마저도 하나님을 거의 사랑하지 않기 때문에 마음 아파하신다. 하나님께서 사랑하시는 선택받은 백성 이스라엘이 아직까지 하나님의 외아들의 희생을 통해 하나님의 품으로 돌아오지 않기 때문에 마음 아파하신다. 예수님 몸의 지체들 사이에서 일어나는 모든 분열 때문에 마음 아파하신다. 아직 하나님께 돌아오지 않은 자녀들이 죄와 어둠의 권세에 지배당할 때마다 마음 아파하신다.

하나님을 사랑하는 이들은 자기도 모르게 하나님의 아픔을 자신의 아픔으로 여긴다는 사실을 깨닫게 된다. 그들은 예수님의 제자들로서 주님의 아픔과 관심사와 짐을 나누는 특권을 누린다. 그들은 하나님의 자녀들로서 아버지의 아픔을 나눈다. 그들은 자기들이 사랑하는 그분께서 아파하시는 모습을 본다. 그들은 아픔의 짐을 지고 계신 그분을 돕기 원하고, 가능한 한 그 짐을 짊어진다. 그러므로 그들은 하나님을 향한 사랑으로 바울과 함께 "나는 이제 너희를 위하여 받는 괴로움을 기뻐하고 그리스도의 남은 고난을 그의 몸 된 교회를 위하여 내 육체에 채우노라"(골 1:24)라고 말할 수 있다.

바울은 어떻게 그들을 위해 받는 괴로움 때문에 기뻐할 수가 있을까? 바울은 예수님의 길로 가는 특권을 누렸기 때문에 기뻐했다. 그 길을 따라 늘어선 표지판들에는 '가난', '초라함', '적대자들', '비방', '핍박' 같은 글귀가 적혀 있다. 그러나 바울은 예수님을 위해 그런 일들을 당하기 때문에 그 모든 시련 가운데서도 기뻐할 수 있었다. 그래서 그는 "우리가 환난 중에도 즐거워하나니"(롬 5:3)라고 고난의 가치를 높이 평가할 수 있었다. 그는 자기가 고난당할 때, 주님이 크게 슬퍼하시는 한 가지 이유, 곧 성숙하지 못하고 완전하지 못한 주님의 교회 때문에 슬퍼하시는 주님을 돕고 위로할 수 있다는 점을 알고 있었다. 정말로 바울은 자신의 고난을 통해 교회를 완전하게 하시는 주님을 도울 것이다.

"그리스도의 남은 고난을 그의 몸 된 교회를 위하여 내 육체에 채우노라"(골 1:24).

예수님은 제자들에게 이토록 귀한 특권을 주셨는데, 사랑하는 이들에게 주려고 준비해놓으신 특권이다. 예수님이 자신의 마음 가장 깊은 부분을 우리에게 내보이신다는 것은 엄청난 신뢰이다. 예수님은 택함받은 자들이 영화롭게 완성되도록 남은 고난을 채우기 위해 제자들이 함께 고난받는 것을 허락하신다. 바울은 "내가 그리스도와 그 부활의 권능과 그 고난에 참여함을 알고자 하여 그의 죽으심을 본받아"(빌 3:10)라고 말하며 고난의 참여함의 특권을 알고 있었다. 예수님의 제자가 이런 특권을 자기가 받을 수 있는 모든 것 중에 가장 거룩한 것, 매우 조심스럽게 지켜야 할 보물, 무엇을 준다 해도 포기하지 않을 보화로 여겨야 하지 않을까?

성경이 이 귀한 보물에 대해 다양한 비유적 표현으로 명확하게 말하는 데도 그 귀한 보물을 발견하는 이들이 거의 없다. 그러나 예수님을 사랑하는 이들은 그 보물을 뜨겁게 갈망할 것이다. 왜냐하면 진실한 사랑은 가장 사랑하는 이를 위해 희생하고 언제나 그의 아픔과 관심사를 나누기 때문이다.

이런 사람을 찾으신다

예수님을 향한 사랑에 관계된 모든 것 혹은 그 사랑에서 비롯되는 희생은 언제나 오묘한 베일에 덮여 있다. 하나님과 인간 사이의 사랑은 오묘함에 싸여 있다. 바울은 에베소서에서 인간의 결혼 관계에 희미하게 나타나 있는 이런 내적 결합에 대해 기록한다.

"이 비밀이 크도다 나는 그리스도와 교회에 대하여 말하노라"(엡 5:32).

성경은 또한 휴거의 오묘함에 관해서도 "보라 내가 너희에게 비밀을 말하노니 우리가 다 잠잘 것이 아니요 마지막 나팔에 순식간에 홀연히 다 변화되리니"(고전 15:51)라고 말한다. 여기에서도 역시 사랑이 중심적인 문제이다. 예수님을 사랑하는 사람들만이 구름 속으로 이끌려 올라가 예수님과 함께 있을 것이기 때문이다.

이런 일들에 대해 명확히 설명해주는 성경 구절은 매우 적다. 바울은 자기가 셋째 하늘에 이끌려 간 적이 있다고 기록하며(고후 12:2), 다른 영혼들을 위해 고난을 받았다고 몇 차례 말한다(고후 12:15, 빌 2:17, 골 1:24, 딤후 2:10). 어떤 구절에서는 자기 몸에 예수님의 상처 자국을 지니고 있다고 말한다(갈 6:17). 그는 예수님의 고난에 연합했다. 어쩌면 하나님께서 그가 영혼과 육신으로 받은 모든 고난에서 비롯된 가시적인 자국을 주셨을지 모른다. 그는 예수님의 종으로서 자기의 주인께서 계시는 곳에 정말로 있었다. 그는 고난의 길을 가면서 언제나 주님과 함께했고, 그 점에 대해 계속 증언했다(고전 4:16).

그러나 오늘날 예수님과 이런 사랑의 교제, 이런 고난의 교제에 대해 조금이라도 아는 사람이 있는가? 하나님께 선택받은 다른 사람들이 영원한 축복을 유산으로 받을 수 있도록 고난당하는 삶에 대해 조금이라도 아는 사람이 있는가? 예수님의 교회가 완전해지도록 고난당하는 삶에 대해 조금이라도 아는 사람이 있는가? 하나님의 교회의 불완전함과 그 내부에서 일어난 분열 때문에 조금이라도 아파하는 사람이 있는가? 고난을 통해 하나님의 교회를 세우기 위한 어떤 일을 할 수 있을 때 진정으로 기뻐할 수 있는 사람이 있는가? 우리는 고난이라는 큰 시험을 아직 치르지 않았다. 그러나 우리 가운데 그 시험을 치르려고 자진해서 시험장으로 갈 수 있는 일상의 많은 기회를 적극적으로 활용하는 사람이 있는가?

기독교 초기 몇 세기 동안에는 고난의 삶으로 이끄는 '처음 사랑'이 예수님의 많은 제자 안에 여전히 밝게 타올랐다. 이 '처음 사랑'은 예수님을 위해 희생하고, 또한 주님의 교회와 주께 선택받은 다른 사람들을 위해서도 희생하게 이끄는 능력이 있다. 이렇게 예수님을 사랑한 사람들, 고난을 통해 주님을 향한 사랑을 증명한 그들이 예수 그리스도의 교회의 씨앗이었다. 그리고 그런 사람들이 교회사 전체에 걸쳐 존재해왔다. 그들은 뜨겁게 사랑하면서 예수님과 함께 고난의 길을 갔으며, 고난을 통해 주님과 친밀하게 교제하면서 교회에 축복을 전하는 인물로 살았다.

러시아혁명 당시의 그리스도인 순교자들에게서 그런 사례들을 목격한다. 최근에는 폴 슈나이더 목사 같은 사람이 자신의 생애와 죽음으로 그런 사랑을 증언했다. 그는 제3제국(Third Reich, 나치 독일 제국)의 지도자들에게 감히 맞서 하나님 말씀의 진리를 주장했다는 이유로 부헨발트(Buchenwald) 강제 수용소에서 고통스럽게 죽었다. 그는 그 고난의 길에서 한 발짝도 벗어나지 않았고, 진리 편에 선 대가로 치를 수 있는 희생을 마다하지 않았다. 사형수 감방에서 고문을 당할 때도 복음의 좋은 소식을 동료 수감자들에게 전할 수만 있다면 그까짓 고문쯤은 아무것도 아니라는 듯 견뎠다. 사랑은 고난당할 때 하나님께 가장 가까이 다가간다. 그렇게 고난당할 때 그가 쓴 일기를 보자.

"내 인생의 가장 어두운 시간들이 우리를 하나님께 가장 가까이 데려가므로 우리는 하나님께 이에 대해 가장 큰 감사의 빚을 지고 있다."

오늘 주님은 그런 충성스러운 사랑, 고난에 참여하려는 자발성을 기다리신다. 특별히 주님은 우리에게서 그런 사랑과 자발성을 기다리신다. 우리가 마지막 때로 들어가고 있기 때문이다.

CHAPTER **8**

예수님의 재림, 분리의 때

"만물의 마지막이 가까이 왔으니"
(벧전 4:7).

이 시대를 사는 우리는 앞서 살았던 사람들보다 이 말을 더 분명하게 이해한다. 세상의 끝이 오고 있음을 알리는 시대의 징표들이 우리 눈앞에서 이루어지고 있기 때문이다. 예수님은 그런 징표들을 주의 깊게 봐야 한다고 말씀하셨다. 세계 곳곳에 흩어져 살던 이스라엘 민족들이 그 모든 나라에서 나와 조상들의 땅으로 돌아가고 있다. 성경은 이것이 세상의 끝을 알리는 징표라고 예언했다(겔 38:8

; 39:28). 지구의 가장 외딴 곳까지 복음이 전파된다(마 24:14). 그리고 우리는 핵시대를 살고 있다. 성경이 심판의 나팔로 묘사하는 황폐화가 우리의 문턱까지 다가왔다(계 8,9장). 그렇다. 성경이 다음과 같이 기록하는 예수님의 재림이 우리의 문턱까지 다가왔다.

사랑의 법으로 묶이다

"주께서 호령과 천사장의 소리와 하나님의 나팔 소리로 친히 하늘로부터 강림하시리니 그리스도 안에서 죽은 자들이 먼저 일어나고 그 후에 우리 살아 남은 자들도 그들과 함께 구름 속으로 끌어 올려 공중에서 주를 영접하게 하시리니 그리하여 우리가 항상 주와 함께 있으리라"(살전 4:16,17).

그러나 우리 가운데 누가 승천하신 예수님의 발자취를 따라가는 데 참여할 수 있을까? 예수님의 호령이 울려 퍼질 때, "신랑이 왔다!"라는 음성이 크게 울릴 때 우리 중에 누가 구름 속으로 이끌려 올라가 예수님을 영접하는 무리에 속하게 될까? 그 음성을 듣는 사람만이 그 무리에 속하게 될 것이다. 스스로 예수님의 이름을 부르던 사람들이라고 모두 그 무리에 포함되지 않을 것이다. 왜 그럴까? 사랑은 자기가 가장 사랑하는 이의 음성을 분간하며 그 사람을 따르는 힘을 지니고 있기 때문이다. 특히 많은 목소리가 우리를 둘러쌀 때는 더욱 그렇다.

그날, 예수님의 음성이 거세게 굽이치는 물줄기와 전쟁터의 함성처럼 울려 퍼질 것이다. 그러나 요즘에는 세상의 목소리들 또한 크게 들린다. 우리가 말세로 들어갈수록 세상은 훨씬 더 큰 소음을 낼 것이다. 그런 소음 속에서 과연 누가 예수님의 음성을 듣게 될까? 예수님을 사랑하는 이들만 주님의 음성을 들을 것이다. 다른 사람들은 예수님의 음성을 알아차리지 못할 것이다.

예수님이 땅에 계셨던 날들 동안에도 그랬다. 많은 사람이 예수님을 보았지만 알아보지 못했다. 많은 이가 예수님의 말씀을 들었지만 받아들이지 않았다.

"영접하는 자 곧 그 이름을 믿는 자들에게는 하나님의 자녀가 되는 권세를 주셨으니"(요 1:12).

예수님은 이런 사람들을 하늘의 예수님 나라에 받아주실 것이고, 그러면 그들은 예수님과 영원히 함께 있게 될 것이다. 하나님의 자녀들은 아버지와 함께 있어야 하며, 예수님 몸의 지체들은 몸의 머리인 예수님과 반드시 함께 있어야 하기 때문이다. 그날에는 예수님이 몸소 오셔서 그분에게 속한 이들을 소유하실 것이다. 그날에는 예수님이 하늘의 구름 속에 오셔서 그분께 속한 이들을 받아주실 것이다. 예수님을 사랑하는 사람들은 언제나, 영원토록 주님과 함께 있기를 갈망한다. 그들은 예수님과 떨어지면 슬퍼한다. 예수님은 그런 갈망을 사랑으로 응답하실 것이다.

어린양의 혼인 잔치가 가까웠다. 예수님은 우리를 지극히 사랑하시기에 재림의 날이 가까워질수록 하루라도 더 빨리 이 땅에 오기를 바라실 것이다. 그리고 이 마지막 환난 날에 예수님에게 속한 이들은 가장 깊은 갈망으로 예수님을 그리워할 것이다. 사랑은 자기가 가장 사랑하는 이와 결합하기를 간절히 바라며, 고통스러운 시기에는 더욱 그렇기 때문이다.

우리는 인간관계에서도 이런 현상을 볼 수 있다. 신랑과 신부가 군중 속에 섞이면 두 사람이 부부 사이라는 사실을 좀처럼 의식하지 못하기도 한다. 그러나 화재가 발생하거나 위험이 닥치면, 제3자는 누가 신랑과 신부인지 금방 알 수 있다. 신랑과 신부 두 사람은 하나로 결합해 위험에 맞선다. 사랑으로 함께 묶여 있기 때문이다. 마지막 때에도 하나님의 사랑으로 함께 묶인 이들은 서로를 알아볼 것이다.

두 진영의 사람들

마지막 때에는 사람들이 두 진영으로 분리될 것이다. 그때는 분리의 때이기 때문이다. 심판은 하나님의 집에서 시작되며(벧전 4:17) 하나님나라에 속하지 않은 이들을 분리해낸다.

땅 위에서는 밤이 더 깊어질 것이다. 전쟁과 전쟁에 관한 소문들이 크게 늘어나고 불의가 득세할 것이다. '불법의 비밀'(살후 2:7)이 힘을 다해 일어날 것이다. 모든 경건함을 반대하는 멸망의 아들이 서서히 나타나 힘과 영향력을 행사하기 시작할 것이다(살후 2:3). 멸망의 아들은 사랑이 차갑게 식은 신자들까지도 미혹할 것이다. 그런 신자들은 전쟁과 분쟁과 불의와 사탄이 일으키는 가짜 표적들(마 24장)의 힘에 지배당할 것이다. 멸망의 아들은 그런 사람들, 즉 멸망의 아들과 똑같은 본성을 지닌 사람들을 자석처럼 끌어당길 것이다. 반면에 예수님은 주님을 사랑하고 예수님의 본성을 드러내는 모든 이를 끌어당기실 것이다.

오랫동안 함께 지냈던 사람들이 두 진영으로 분리될 것이다. 어쩌면 그들은 같은 교회 신자나 같은 공동체의 구성원이었을지 모른다. 두 진영 모두 주님의 오심을 준비하면서 살아온 듯 보일지 모른다. 그러나 그날에는 두 여자가 함께 맷돌을 갈고 있으매 하나는 데려감을 얻고 하나는 버려둠을 당할 것이다(눅 17:35). 원하든 원하지 않든, 알든 모르든 모든 사람이 그리스도께로 이끌려 가든지 아니면 적그리스도에게로 끌려 간다.

그때에는 믿는 그리스도인들이 자기도 모르게, 전혀 의식하지 못한 상태에서 적그리스도의 영향력 아래 들어가는 정말 끔찍한 일이 현실로 일어날 것이다. 어떻게 어둠의 임금 사탄이 예수님을 믿는 그리스도인들을 압도할 수 있을까? 예수님에게로 향한 사랑이 그들 안에서 밝게 타오르게 주의를 기울여야 했는데, 그렇게 하지 않았기 때문이다. 따라서 어둡고 불결한 것들이 그들 안에 많이 남아 있었고, 어느 날 잠에서 깬 그들은 자기도 모르게 적그리스도의 대열에 서 있다는 사실을 깨달을 것이다. 그들은 묵은 누룩을 깨끗하게 제거할 시간이 여전히 남아 있는 동안에 전혀 준비하지 않았다. 그들은 뜨겁지도 않고 차갑지도 않았으며, 세상에 순응하는 씨를 뿌렸다. 이제 그들은 그에 따른 열매를 거둘 것이다. 이 세상 임금 사탄이 그들을 집어삼킬 것이다. 왜냐하면 사탄이 자기의 나라를 세우고 있기 때문이다.

적그리스도의 때가 오기 이전, 지금 이 시기에 우리는 예수님에게 온전히 헌신해야 한다. 도를 넘는 사랑, 어리석은 사랑, 기꺼이 희생하는 사랑으로 주님을 사랑해야 한다. 더 이상 죄에 대해 냉담한 태도로 싸울 여유가 없다. 마지막 때는 위기와 심판의 때이기에 이것이냐 저것이냐의 시대, 그리스도께 데려가지느냐 적그리스도의 지배 아래 남겨지느냐의 시대이다. 빛의 나라의 우두머리도 드러나고 어둠의 나라의 우두머리도 드러날 것이기 때문이다. 예수님은 구름을 타고 오실 것이고, 사탄은 인간처럼 이 땅에서 나타날 것이다. 예수님과 사탄 양쪽 모두 최후의 결전을 준비하면서 군대를 모을 것이다. 예수님은 친히 선택하신 이들과 함께, 사탄은 자기를 추종하는 무리와 함께 전쟁을 위한 대열을 세울 것이다.

우리의 진짜 주인이 드러날 그날

그때는 사람들이 어느 쪽 우두머리에 속하는지 드러날 것이다. 모든 베일이 벗겨질 것이다. 모든 겉치레가 폭로되며 모든 사람의 실체가 드러날 것이다. 모든 영혼이 무엇을 위해 살아왔는지 밝혀질 것이다. 사람들 마음의 진짜 주인이 누구인지 백일하에 드러날 것이다. 어느 교파, 어느 분파에 속했는지는 중요하지 않다. 우리 마음이 누구에게 속했느냐, 우리가 누구를 더 사랑했느냐가 유일한 질문이 될 것이다.

"그가 강림하실 때에 그리스도에게 속한 자 … 삶을 얻으리라"(고전 15:23, 22).

"그 후에 우리 살아남은 자들도 그들과 함께 구름 속으로 끌어 올려 공중에서 주를 영접하게 하시리니 그리하여 우리가 항상 주와 함께 있으리라"(살전 4:17).

주님은 양의 옷을 입고 있지만 내적으로는 탐욕스러운 늑대인 이들이 있다고 말씀하셨다. 용서하지 않고, 순종치 않고, 당파심 가득하고, 해를 끼치고, 헐뜯고, 시기하는 사람들이다. 그때에는 이런 많은 이의 정체가 폭로될 것이다. 성경은 그런 사람들이 하나님나라를 물려받지 못한다고 말한다(갈 5:19-21).

예수님이 자신에게 속한 이들을 데려가려고 이 땅에 오시는 그 순간, 땅에서 기만적인 삶을 살았던 사람들에게는 천국의 문이 닫힐 것이다. "살았다 하는 이름은 가졌으나 죽은"(계 3:1) 자들은 뒤에 남겨질 것이다. 마음에 악을 품은 자들만 하나님나라를 물려받지 못하는 것은 아니다. 예수님 몸의 죽은 지체들, 뜨겁지도 않고 차갑지도 않은 이들에 대해서도 같은 말씀을 하신다.

"내 입에서 너를 토하여 버리리라"(계 3:16).

영적인 죽음은 사랑의 죽음을 나타내는 표시이기 때문이다. 생명이 있는 곳에는 사랑이 있다. 성경에 따르면 생명과 사랑은 하나님의 본성을 표현한다. 하나님은 생명이시며 사랑이시다. 따라서 생명과 사랑이 없는 이들은 뒤에 남을 수밖에 없다. 그들은 예수님을 사랑하지 않았으며, 참된 신부로서 어린양의 혼인 잔치에 들어갈 준비를 하지 않았다.

그때 뒤에 남겨진 이들은 크게 한탄하며 슬퍼할 것이다. 예수님을 알고 살았던 많은 사람의 입술에서 절망의 소리가 터져 나올 것이다.

"너무 늦었어! 너무 늦고 말았어! 문이 닫혔어! 문이 닫히고 말았어!"

많은 사람은 자기들이 어린양의 혼인 잔치에 앉을 자리가 보장되었다고 생각했다. 그러나 그때 예수님이 그들에게 매정하게 말씀하신다.

"내가 너희를 알지 못하노라"(마 25:12).

사랑이 사랑을 만나는 시간

예수님을 사랑하는 마음으로 주님의 발자취를 따른 사람들만 예수님의 제자로, 신부로 인정하신다. 이런 사람들은 살았다 하는 이름을 갖고 있을 뿐만 아니라 내면에 생명을 지니고 있다. 사랑의 불길이 그들 마음에서 타오른다. 주님이 바로 영원한 사랑이기에 신랑이신 예수님이 그들을 신부로 인정하신다. 그분께서는 장차 어느 날 세상 전체를 가득 채울 사랑의 불을 마음에 지니고 계신다. 그러므로 예수님의 두 번째 오심은 사랑이 오는 사건이며, 신랑께서 신랑을 사랑하는 이들에게 오시는 사건이다. 오직 신랑을 사랑하는 이들만 어린양의 혼인 잔치에 들어갈 것이다.

믿음은 예수님의 재림을 학수고대할 때 사랑을 중요한 문제로 여긴다. 이는 우리가 하나님 앞에 설 때 하나님께서 우리에게 하실 유일한 질문이다. 예수님은 시몬 베드로에게 동일한 질문을 하셨다.

"네가 나를 사랑하느냐?"

예수님은 이 땅에 다시 오실 그때 예수님의 진리의 말씀, 즉 주님을 사랑하는 이들에게 자신을 드러내실 것이고, "주의 나타나심을 사모하는 모든 자"(딤후 4:8)들에게 어린 양의 혼인 잔치에서 면류관을 씌워주시겠다는 말씀이 실현될 것이다. 예수님이 이 땅에서 사역하시는 동안 어떤 여인에게 "그의 사랑함이 많음이라"(눅 7:47)고 말씀하신 적이 있다. 예수님이 다시 오시는 날에는 우리가 그런 칭찬을 귀히 여기게 될 것이다. 이 세상의 모든 물질과 보화보다 훨씬 더 귀히 여길 것이다. 예수님을 사랑하는 사람들, 신부의 사랑을 지닌 사람들만 예수님과 연합하는 은혜를 체험할 것이다. 오직 그런 사람들만 구름 속으로 이끌려 올라가 주님을 영접할 것이다.

주님이 구름 속에서 세상에 다시 오실 때 다른 영혼들은 주님을 보지 못할 것이다. 그때 주님을 사랑하는 신부에게 신랑으로서 자신을 드러내실 것이다. 주님의 두 번째 오심은 특별하고 독특할 것이다. 그분의 아름다움과 영광과 위엄을 모든 사람이 다 보지는 못할 것이다. 어린양의 혼인 잔치에 초대받은 이들만, "그의 아내가 자신을 준비하였으므로 그에게 빛나고 깨끗한 세마포 옷을 입도록 허락하셨으니 이 세마포 옷은 성도들의 옳은 행실이로다"(계 19:7,8)라고 기록된 이들만 볼 것이다. 이들은 예수님을 향한 뜨거운 사랑을 지닌 사람들이다. 신부의 아름다움에 광채를 더하는 것이 사랑이기 때문이다.

신랑을 맞이할 준비

지금은 준비하는 때이다. 그래서 성경은 "두렵고 떨림으로 너희 구원을 이루라"(빌 2:12)고 우리에게 말한다. 거룩함이 없으면 "아무도 주를 보지 못할"(히 12:14) 것이기 때문이다. 거룩함이 없으면 아무도 주님을 만나러 가지 못하고 주의 얼굴을 보지 못한다. 마음이 청결한 사람만이 주님을 볼 수 있다(마 5:8). 계속해서 성경은 "주를 향하여 이 소망(주님을 뵙고자 하는 소망)을 가진 자마다 그의 깨끗하심과 같이 자기를 깨끗하게 하느니라"(요일 3:3)라고 말한다. 성경은 우리의 넘치는 소망, 곧 우리가 구름 속으로 이끌려 올라가는 날, 어린양의 혼인 잔치가 열리는 날에 성화되어 예수님의 형상대로 변모되리라는 소망을 준다.

사랑이 우리 자신을 정결하고 깨끗하게 하라고 하는 동기가 여기에 있다. 신부는 신랑을 사랑하기에 신랑을 기쁘게 하며 영접하길 원한다. 하나님의 신부가 다른 어떤 신부보다 더욱 그러해야 하지 않을까?

진실한 신부는 죄에 맞서 믿음의 선한 싸움을 끝까지 싸운다. 진실한 신부는 "회개하라 천국이 가까이 왔느니라"(마 3:2)라는 신랑의 명령을 진지하게 받아들이고, 그 명령을 지키려고 힘쓴다. 진실한 신부는 신랑을 사랑하는 마음에서 어떤 대가를 치르더라도 신랑을 맞을 준비를 할 것이다. 진실한 신부는 그 목표를 이루려고 열심을 다할 것이다.

사도 바울도 하나님께서 맡겨주신 성도들이 신랑 맞을 준비를 할 수 있도록 힘썼다.

"내가 하나님의 열심으로 너희를 위하여 열심을 내노니 내가 너희를 정결한 처녀로 한 남편인 그리스도께 드리려고 중매함이로다"(고후 11:2).

신부는 그런 소망을 바라보고 살아간다. 그녀는 그분을 볼 것이다! 그분과 함께 어린양의 혼인 잔치에 들어갈 것이다! 그녀는 신부로서 자기의 모습을 추하게 만드는 일을 허락하지 않으며, 신랑은 그녀를 "자기 앞에 영광스러운 교회로 세우사 티나 주름 잡힌 것이나 이런 것들이 없이 거룩하고 흠이 없게"(엡 5:27) 하실 것이다.

신부는 오직 하나의 목표를 바라보고 단장한다. 그것은 장차 어느 날 신랑에게 "나의 사랑 너는 어여쁘고 아무 흠이 없구나"(아 4:7)라는 말을 듣는 것이다. 신부는 자기가 겸손의 옷을 입을 때 신랑이 가장 기뻐한다는 것을 안다. 주님은 겸손한 마음 안에 거하는 것을 기뻐하심을 알기에(사 57:15) 신부는 예수님의 성품을 닮도록 변화시킬 모든 징계를 달게 받는다. 우리가 징계를 통해 예수님의 거룩하심에 참여하게 된다는 사실을 안다.

사랑이 열쇠이다

이렇게 사랑은 주님과 결합하고, 구름 속으로 이끌려 올라가 주님을 영접하고, 첫째 부활(살전 4:15,16)에 참여하고, 하나님의 아들 곧 거룩하신 그분의 얼굴을 뵙는 목표에 도달하고자 한다. 그러나 누가 주님의 재림을 감당할 수 있겠는가?

예수님의 눈은 불꽃같다(계 1:14). 주님의 얼굴에서 나오는 빛은 눈부시게 밝다. 그 어떤 사악함도 그 빛을 감당하지 못한다. 어둠에 결박된 어떤 영혼도 그 빛을 마주보지 못한다. 그들은 산과 바위에게 "우리 위에 떨어져 보좌에 앉으신 이의 얼굴에서와 그 어린양의 진노에서 우리를 가리라"(계 6:16)라고 외친다. 그날 예수님을 마주하는 것은 가장 큰 심판의 순간을 맞이하는 것이다.

예수님의 성품을 닮은 사람들은 예수님과 연합할 것이다. 그렇지 않은 사람들은 예수님 얼굴 앞에서 내쳐질 것이다. 바로 그래서 예수님이 재림의 때에 대해 "이러므로 너희는 장차 올 이 모든 일을 능히 피하고 인자 앞에 서도록 항상 기도하며 깨어 있으라"(눅 21:36)라고 준비시키신 것이다.

예수님을 사랑하는 이들, 깨어 준비하는 이들에게는 천국과 어린양의 혼인 잔치로 가는 문이 열릴 것이다. 사랑이 열쇠이다. 예수님의 재림이 문턱까지 다가온 지금, 이 마지막 때에 누가 그 열쇠를 갖고 있는가? 우리는 재림의 날짜나 시각을 모른다. 그러나 가까웠다는 사실은 안다. 하나님의 거룩한 성 외벽 위에 올라선 파수꾼들이 나팔을 불고 있다. 그 소리가 크게 울려 퍼진다.

"준비하라, 신랑이 오신다. 왕이 오신다."

누가 그분을 만나러 갈 수 있을까? 누가 그분 얼굴을 뵐 수 있을까? 누가 그분과 함께 영원히 살까? 그분을 사랑하는 영혼들이다. 그분을 사랑하는 이들은 주의 거룩함에 자기가 깨어질지도 모른다는 점을 알더라도 그분을 뜨겁게 갈망한다. 그러나 하나님의 사랑은 사랑하는 마음으로 다가오는 이들을 물리치지 못한다. 그래서 예수님은 사랑하는 마음으로 다가오는 신부에게 문을 열어주실 것이다. 신부는 안으로 들어가 신랑과 어린양의 혼인 잔치에 참여할 것이다.

CHAPTER 9

사랑의 최종 목표, 어린양의 혼인 잔치

성경은 이렇게 기록한다.

"어린 양의 혼인 잔치에 청함을 받은 자들은 복이 있도다"(계 19:9).

그들은 정말로 복이 있다. 그날 무슨 일이 일어날까? 혼인 잔치에 들어간다는 것은 무엇을 뜻할까? 그것은 우리의 생각이나 말로 다 표현할 수 없다. 이 땅의 모든 기쁨과 환희는 어린양의 혼인 잔치에 비견할 수 없다. 그 잔치는 성대한 사랑의 축제이다. 하늘과 모든 세상의 왕께서 사랑하시는 신부와 더불어 자신의 혼인 잔치를 베푸신다. 아무것도 아끼지 않고 준비하신 그분께 걸맞은 하늘 왕실의 웅대한 잔치이다.

그분을 시중드는 수많은 천사가 서둘러 혼인 잔치를 준비한다! "섬기는 영으로서 구원받을 상속자들을 위하여 섬기라고 보내심"(히 1:14)을 받은 무수한 천사가 잰걸음으로 재빠르게 움직인다. 혼인 잔치의 식탁을 준비해야 하고 아름다운 하늘에 어울리게 장식해야 한다. 천사들은 이 땅에서도 신실한 신자들을 섬겼는데 하늘에서는 얼마나 더 하겠는가? 신실한 성도들이 왕의 자격으로 아버지의 나라에 들어갈 때 천사들은 그들을 끝없이 섬길 것이다! 천사들은 가장 아름다운 노래들을 합창할 것이다. 비교할 수 없이 아름다운 신부, 예수님 옆에 앉은 신부로 인해 예수님을 찬양할 것이다.

신부가 그리도 아름다운 까닭은 하나님의 어린양이 피를 흘려 죄인에서 주의 신부로 변화시켰기 때문이다. 그들은 그분의 형상을 지니고 있다. 그들은 주의 보좌에 함께 앉는다(계 1:5,6 ; 3:21 ; 엡 5:25-27). 헤아릴 수 없이 많은 숫자로 구성된 천사들의 찬양대가 어린양의 혼인 잔치에서 왕과 신부 주위를 빙빙 돌며 춤출 것이다. 하늘 전체가 기쁨의 노래와 함성으로 진동할 것이다. 하프 소리가 끊이지 않을 것이고 찬양하는 목소리들이 결코 잦아들지 않을 것이다. 신부는 하늘의 이 성대한 축하 행사에 들어갈 것이다. 웅대한 하늘에 걸맞게, 세상에서는 볼 수 없는 온갖 보석의 빛을 사방으로 발하는 이 아름다운 혼인 예식에 들어갈 것이다.

그 모든 영광의 한가운데서 신부는 꿈을 꾸는 것 같을 것이다. 신랑을 진심으로 사랑하는 신부로서 그녀의 영혼이 사모하는 그분, 보좌 중앙에 앉으신 그분, 그녀의 신랑만 바라본다. 그녀는 환호하는 천사들의 목소리 한가운데서 오직 한 분의 음성, 만왕의 왕의 음성에 귀를 기울인다. 이제 그분과 영원히 언제까지나 함께 있을 것이며, 신부는 얼굴과 얼굴을 대하여 주님을 볼 것이다.

그분께서 베일로 가리지 않은 영광을 드러내시고, 그 영광은 하늘과 천사들의 모든 광채를 무색하게 할 것이다. 다른 천사 하나도 자신의 광채로 땅을 환하게 밝힐 수 있다(계 18:1). 그러니 신랑께서 나타나실 때 그 빛은 얼마나 더하겠는가. 신랑 예수님은 하늘 전체를 광채로 가득 채우시며 태양보다 더 밝게 빛나신다. 그래서 성경은 "그 성은 해나 달의 비침이 쓸데없으니 이는 하나님의 영광이 비치고 어린양이 그 등불이 되심이라"(계 21:23)라고 기록한다.

정말로 예수님의 얼굴에서 빛과 영광이 흘러나와 넘친다. 그 빛과 영광이 하늘 전체에 퍼지고 모든 것을 광채와 아름다움으로 흠뻑 적신다. 천사들, 구속받은 성도들, 황금 도시 자체의 화려함과 반짝임 등 거기 있는 모든 것이 주 예수님의 빛을 반사한다. 천국에서 살아가는 모든 것이 예수님의 사랑과 말할 수 없는 아름다움으로 영화로운 빛을 낸다. 거기에서는 모든 것이 그분과 직접 접촉하면서 살고, 그분의 다스림을 직접 받으면서 살기 때문에 기이한 광채를 낸다.

거기에서는 아무것도 그분의 영향을 막지 못한다. 이 땅에서는 인간의 죄와 원수 사탄의 힘으로 이루어진 몇 겹의 층을 뚫으셔야 했다. 그러나 거기 하늘에서는 예수님의 사랑의 능력이 모든 곳에 다 퍼지고 온전한 영향을 미칠 수 있다. 그래서 하늘이 그렇게 밝은 빛을 내는 것이다. 황금 거리, 벽옥 벽, 수정 시내, 모든 것이 맑고 투명하다. 하나님의 성에서는 모든 것이 사랑의 빛을 반사한다. 거기 있는 모든 나무와 나뭇잎 하나하나가 예수님의 광채와 아름다움을 받아 다양한 방식으로 반사하고 전달한다. 그 새 예루살렘은 진정 '예수님의 도시'이다. 모든 영혼이 주님의 광채로 빛나는 곳에서 살아간다.

신부, 신랑을 만나다

그곳에서 신부는 아름다운 신랑을 볼 것이다. 신부는 땅에서 했던 방식과 완전히 다른 방식으로 신랑과 이야기할 것이다.

"왕은 사람들보다 아름다워 은혜를 입술에 머금으니 그러므로 하나님이 왕에게 영원히 복을 주시도다"(시 45:2).

거기에서는 신랑과 신부가 친밀하게 대화할 것이다. 구약 아가서의 말씀이 예시하듯 행복에 젖은 신랑이 사랑을 듬뿍 담아 신부에게 말할 것이다.

"내 누이, 내 신부야 네 사랑이 어찌 그리 아름다운지"(아 4:10).

그러면 신부는 외칠 것이다.

"내 사랑하는 자는 희고도 붉어 많은 사람 가운데에 뛰어나구나 … 그 전체가 사랑스럽구나 예루살렘 딸들아 이는 내 사랑하는 자요 나의 친구로다"(아 5:10,16).

그렇다. 신랑과 신부가 뜨겁게 대화할 것이다. 사랑은 사랑에 화답하고 말과 행동으로 사랑을 증거하기 마련이다.

신부는 당당하고 왕다운 신랑, 하나님이신 신랑, 그녀의 주님을 바라보며 그분 발치에 엎드려 경배할 수밖에 없을 것이다. 그러나 신랑께서는 신부를 일으켜 오른편에 앉히신다. 그녀가 신랑의 신부이기 때문이다. 그녀는 "오빌의 금으로 꾸미고 왕의 오른쪽에 서도다"(시 45:9)라고 성경은 말한다. 그녀는 환난의 불 속에서 사랑과 믿음을 증명했다. 이제 신부는 하늘의 광채와 아름다움을 발한다. 그리도 아름다운 신부가 전에 죄인이었다는 것을 그 누가 알아볼 수 있을까? 그녀는 왕비답게 흰 세마포로 짠 예복을 입었고 의의 면류관을 썼다(딤후 4:8). 그녀는 만왕의 왕 옆에 앉아 그분과 함께 결혼을 축하한다.

이제 그녀는 땅에서 왕의 이름을 위해 인내하고 겸손하게 낮추고 사랑하면서 견딘 굴욕과 수치에 어울리는 찬란한 면류관을 쓰고 있다. 그녀는 우주의 왕의 신부이다. 모든 것이 그 왕의 발치에 놓여 있다. 시중드는 천사들이 그녀의 높은 소명에 맞춰 화려하고 눈부시게 단장해줄 것이다. 그녀는 땅에서 예수님을 사랑했으며 그분을 사랑하는 마음으로 가난하고 낮은 길, 순종하면서 십자가를 지는 그분의 길로 갔다. 이제 그녀는 그런 삶에 합당한 만큼 그분의 영광을 드러낼 것이다(벧전 4:13). 세상의 주님, 만왕의 왕을 신랑으로 모신 그 신부는 비교할 수 없는 아름다움과 왕권을 지닐 것이다.

그녀가 그렇게 면류관을 쓸 수 있는 까닭은 단지 예수님이 고난당해 그녀를 위해 면류관을 얻으셨기 때문이다. 따라서 그녀는 몇 번이고 되풀이해서 사양하며 면류관을 벗는다. 사랑은 그렇게 하지 않을 수 없다. 그녀는 주께서 모든 영광과 존귀를 다 받으시길 원한다. 그녀를 지극히 사랑하셔서 죄에서 구속하신 주님께 온 마음을 다해 감사와 사랑을 드리기 원한다.

이렇게 하늘에서 거룩한 상호작용이 일어난다. 사랑이 지배하는 그곳에서 어찌 그렇지 않을 수 있겠는가? 주님이 가장 사랑하시는 그녀에게 면류관을 씌우신다. 그러나 그녀는 주님을 사랑하는 마음에서 면류관을 벗어 주님 앞에 드린다! 왕이신 신랑께서 신부를 높이실 것이며 하늘의 식탁에서 그녀를 섬기실 것이다(눅 12:37). 신부는 그녀의 왕,

구원자, 신랑을 존경하는 사랑으로 반짝반짝 빛난다. 그녀는 그분께 존귀를 드리기 원한다. 그래서 자기의 면류관을 그분 발에 내려놓고 사랑과 경배의 노래를 부른다(계 4:10).

천군 천사들은 그들의 창조주께서 하늘의 연회장 식탁에서 허리에 띠를 매고 신부를 섬기실 때 그분의 겸손과 사랑에 크게 환호할 것이다. 그들은 신부의 대관식을 기뻐한다. 전에 그녀는 하나님을 모르는 죄인이었으나 지금은 하나님의 은혜를 천사들보다 더 풍부하게 받았다. 실로 그리스도인들이 천사들을 판단할 것이라고 말씀에 기록되어 있다(고전 6:3).

영원한 삶이 시작되다

이런 삶, 하나님의 어린양의 혼인 잔치에서 시작되는 보좌에서의 삶은 '영원한 삶'이다. 이는 거룩하고 완벽한 모든 것, 곧 기뻐하면서 노래하고, 사랑하면서 사랑받고, 주 안에 거하면서 그분과 함께 만국을 다스리고(계 2:26,27), 존귀하게 대접받으며 존귀하게 대접하는 삶이다. 이 영원한 삶에는 절정의 성취와 온전한 안식, 진심 어린 경배와 찬양, 기쁨에 찬 외침들, 신랑의 마음 가까이 머무르는 고요한 사랑, 하나님의 아름다운 성에 영원히 머물 집, 사도 바울이 세 개의 큰 차원으로 나뉘어 있다고 말한 천국의 셀 수 없이 많은 방에서 하나님을 섬기는 것(계 22:3) 등 무엇 하나 빠진 것이 없다. 끝없이 하나님께 드리는 경배와 찬양과 축제, 하나님나라에서 일하고 섬기는 '영원한 삶'이다.

그 삶의 풍요로움과 다양성과 다채로움은 비교 불가능하다. 그 삶에는 불화나 권태의 아주 작은 기미도 없다. 그 삶은 사랑이신 하나님에게서 나온 깊은 내적 조화를 이룬다. '예루살렘'이라는 단어가 의미하는 '평화의 도시'에서는 평강의 왕께서 다스리실 것이다. 거기 사는 사람들은 기쁘고 평화로운 삶을 누린다.

하나님께서는 하나님을 사랑하는 이들을 위해 무엇을 준비하셨을까? 어린양의 혼인 잔치에서 성취되고 절정에 이르는 말할 수 없는 영광이다. 이 땅에서 사는 동안에 우리를 신부로 준비시키는 데 필요한 환난과 징계는 우리 앞에 놓인 높은 목표와 비교할 수 없다. 이 땅에서조차 어떤 사람이 결혼식 날을 맞을 때 인생의 절정에 이른다. 그러나 땅에서의 결혼은 하늘에서 축하할 결혼의 그림자일 뿐이다. 여기 땅에서는 모든 것이 죄와 불완전함을 지닌다. 그러나 하늘에서 축하할 결혼에는 고통, 죄, 외도나 죽음으로 인한 부조화의 아주 작은 기미도 없을 것이다. 왕이며 신랑이신 예수님은 신부와 사랑으로 교제하며 혼인 잔치를 하실 것이다.

여기서 말하는 '신부'는 둘도 없는 교회(Church), 그 안에 있는 구성원들, 모든 교파와 단체와 국가에서 함께 모여든 사람들이다. 그들은 예수님을 진심으로 사랑하고, 그리스도 안에 있는 형제자매를 마음을 다해 사랑하면서 살아간 이들이다. 성경은 그런 사람들을 '양 떼', '신부', '아내'라 일컫는다. 그들은 주님이며 신랑이신 예수님과 연합하고 서로 한 식탁에 앉도록 허락받는다.

혼인 잔치의 영광

과연 누가 그 영광스러운 결혼 잔치를 제대로 묘사할 수 있을까? 그날은 예수님과 하늘의 모든 존재에게 기쁨의 날이다. 우리는 그날이 올 때 하늘 전체에 울려 퍼질 환호성과 기쁨을 상상할 수 있다.

"또 내가 들으니 허다한 무리의 음성과도 같고 많은 물소리와도 같고 큰 우렛소리와도 같은 소리로 이르되 할렐루야 주 우리 하나님 곧 전능하신 이가 통치하시도다 우리가 즐거워하고 크게 기뻐하며 그에게 영광을 돌리세 어린양의 혼인 기약이 이르렀고 그의 아내가 자신을 준비하였으므로"(계 19:6,7).

아버지께서는 아들의 고난의 열매, 곧 한때 죄인의 무리였으나 아들의 희생의 죽음 덕택에 이제는 아들의 형상으로 변화된 신부를 보면서 얼마나 기뻐하실까!

아들은 그 신부를 아버지께 소개하면서 그들이 창조주의 영광을 다시 한번 나타낼 수 있게 죄의 권세에서 해방시켜주셨다. 아들은 그녀 안에서 목적을 이루셨다. 아들은 모든 피조물 가운데 그 한 무리를 위해 자신을 버리고 죽으셨다.

성경은 하나님의 백성이 해방될 때 나무들이 하나님을 찬양하면서 손뼉을 칠 것이라고 말한다(사 55:12). 그렇다면 천국에 있는 하나님의 모든 피조물은 그 사건을 축하하는 환희의 축제에 얼마나 더 열렬하게 참여할까! 하늘의 기쁨의 노래들이 울려 퍼질 것이다. 하늘의 모든 존재가 춤

추고 노래하기 시작할 것이며, 그런 날을 가져다주신 주님 앞에 고개를 숙일 것이다.

그들은 그분, 모든 아름다움의 초석, 존재 자체로 하늘을 돋보이게 하시는 이, 아버지와 신부의 기쁨, 모든 사랑의 근원이신 예수님을 주시할 것이다. 그분은 우리를 향한 사랑과 십자가 고난을 표시하는 상처를 여전히 지니고 계신다. 주님은 십자가에서 그 상처를 입으시고 우리를 죄에서 구속하셨다. 그분의 환하고 아름다운 빛을 받으며 그분 앞에 고개를 숙이고 무릎 꿇어 엎드리는 경배가 끝이 없을 것이다.

고난당하는 예수님의 사랑은 기적을 일으키는 사랑이다. 그 사랑은 증오하는 자들을 사랑하는 이들로 바꿔놓았다. 사랑의 나라를 일으켰고 승리했다. 이것이 어린양의 혼인 잔치의 의미이다.

하나님은 우리를 살리기 위해 죽으신 사랑의 주님에게 모든 능력과 권세를 주셨다. 그 사랑은 증오의 세상을 이기고 승리한다. 그리고 그 승리는 '첫 열매'(first fruits), 즉 신부 무리에게서 시작되었다.

그날을 기다리는 신랑과 신부

하늘의 모든 존재가 어린양의 혼인 잔치를 학수고대하면서 살아간다. 그리고 마침내 어린양의 혼인 잔치에 참석할 이들의 숫자가 다 찰 것이고 그러면 교회, 예수님의 몸, 예수님의 '아내'가 집으로 올 것이다. 하늘과 땅이 크게 기뻐할 날이다! 구속받은 첫 열매들이 집에 올 때 다른 무리가 뒤따를 것이기 때문이다(롬 8:23, 계 20:6). 사랑의 승리가 더 넓게 퍼져갈 것이다.

요한계시록 22장은 민족들이 생명나무 열매를 먹을 때 어떻게 치료받을지 말한다. 우리는 창조된 세상 전체가 첫 열매의 구속과 혼인 잔치를 기다리면서 신음한다는 것을 알고 있다(롬 8:19-22). 민족, 인류 전체 역시도 자신들이 구속받기를 기대할 것이다. 어린양의 혼인 잔치는 하나님과 인간 사이의 궁극적인 사랑의 연합을 알린다. 이런 뜨거운 사랑의 불길이 우주 전체에 퍼질 것이라 예상할 수 있지 않을까? 그렇다. 어린양의 혼인 잔치는 하나님나라의 새로운 시대의 시작을 나타낸다. "전능하신 주 하나님께서 큰 권능을 잡으시고 다스리기 시작하셨기"(계 11:17) 때문이다.

천년왕국이 끝난 뒤에는 새 예루살렘이 땅에 내려올 것이다. 그것은 준비된 신부이며 그분께서는 그녀를 광채로 가득 채우실 것이다. 그다음에 새 하늘과 새 땅이 올 것이다. 하나님께서 그 가운데 거하실 것이며, 어린양의 혼인 잔치에 초대받은 이들과 함께 아름다운 하나님나라에서 다스리실 것이다.

따라서 예수님은 첫 열매들이 집으로 오기를 갈망하신다. 다른 이들은 어린양의 혼인 잔치가 열려야 비로소 구속에 참여할 수 있다. 예수님은 첫 열매들이 집으로 와야 비로소 왕의 통치권을 굳게 다질 수 있다. 하나님께서 아들의 혼인을 얼마나 갈망하고 기다리시며, 아들 또한 자신의 혼인 잔치를 얼마나 갈망하고 기다리시는지 우리가 정말로 이해할까? 그것은 사랑의 애타는 기다림이다. 사랑은 자기가 가장 사랑하는 이와 연합을 갈망한다. 그 사랑은 모든 인간이 도움을 받고 모든 자녀가 아버지의 집으로 오기를 원한다. 탕자의 아버지는 아들이 돌아오기를 애타게 기다렸다. 신랑은 혼인날이 오기를 손꼽아 기다린다. 그렇다. 신랑이신 예수님의 영원한 사랑은 그날을 학수고대한다.

어린양의 혼인 잔치가 우리의 사모함과 갈망이 되어야 하지 않겠는가? 예수님을 향한 사랑으로 크게 외치면 안 될까?

"아멘, 주 예수여 속히 오소서! 주님의 날이 속히 이르게 하소서! 주님의 사랑이 승리하게 하소서! 주님의 기쁨이 완전해지게 하소서!"

우리는 하늘이 이미 그날을 어떻게 준비하고 있는지 알고 있는가? 그날이 가까이 왔다!

그날 주님 앞에 서는 사람은 복이 있다. 그 사람의 '처음 사랑'이 차갑게 식지 않았고, 그 사람이 그 사랑을 자신의 존재 골수에 새겼기 때문이다. 예수님의 구속의 능력을 힘입어 어린양의 혼인 잔치에 들어가려고 사랑으로 준비한 사람들은 복이 있다.

'기쁨'과 '환희'라는 단어는 그런 영혼들이 체험할 일들을 묘사하기에 턱없이 빈약하다. 그들은 형언하기 어려운 영광에 감싸일 것이며 "주께서 주의 복락의 강물을"(시 36:8) 그들에게 주어 마시게 하실 것이다.

그들은 영원히 주님과 함께 있을 것이다. 이 말할 수 없는 영광을 영원무궁토록 누릴 것이다. 하늘과 땅에서 가장 사랑스러우신 주 예수 그리스도의 얼굴을 뵈올 것이며 그분의 형상을 보고 만족할 것이다(시 17:15). 바로 그것이 아버지께서 우리 주 예수 그리스도를 사랑하는 이들을 위해 준비해두신 것이다.

2부

THOSE WHO LOVE HIM

예수
그리스도의 신부

CHAPTER **10**

신부의 비밀, 신부의 소망

결혼식에 서는 신부들은 행복한 비밀을 지니고 있다. 자신이 사랑할 뿐 아니라 자신에게 사랑을 주는 사람을 발견했기 때문이다. 그녀의 사랑은 그를 맴돌고, 그의 마음속 깊은 것들을 함께 나누고자 하는 갈망을 지닌다. 그러나 이러한 인간적인 사랑이 아무리 진실할지라도, 우리 주 예수님과 한 영혼 사이에 있는 진정한 신부의 사랑에 비하면 아주 작은, 희미한 그림자에 불과하다.

예수님의 처음 사랑을 지닌 신부의 무리는 모든 계층과

환경, 다양한 연령으로 이루어지며, 이들은 축복된 비밀을 지닌다. 그 신부의 사랑은 형언할 수 없을 만큼 깊고도 열렬한 것이어서 '밭에 숨겨진 보화'요, '고귀한 진주'를 발견한 사람과 같이 모든 것을 팔아 그것을 얻고자 한다. 하나님은 이 사랑을 찾고자 하는 사람에게 "너희가 온 마음으로 나를 구하면 나를 찾을 것이요 나를 만나리라"(렘 29:13)라는 약속을 이루어주신다.

나를 사로잡는 사랑

예수님은 창조주 하나님 아버지와 함께 온 세상을 친히 다스리시고, 수십 억의 사람들을 마음에 품으시지만, 그중에서도 신부의 영혼은 더욱 특별한 사랑으로 대하시며 또한 그 영혼에게서 진실한 사랑을 받고자 하신다. 이것은 사람들이 흔히 빠지는 '감정'이 아니다. 예수님의 사랑은 아주 실제적이고 진실하며 형언할 수 없을 정도로 따뜻하며 은밀하고 부드럽다.

또한 이러한 사랑을 받는 신부의 사랑 역시 그렇다. 때때로 젊은 사람들이 예수님의 진실한 사랑을 경험하고 오직 주님을 위한 사랑에 불붙게 된다. 그들은 주님의 사랑의 부르심을 희망과 기쁨 속에서 청종하며 개인적으로 주님이 자신에게 원하시는 것이 무엇인지를 알고 싶어 한다. 여러 세기를 걸쳐 많은 이가 "딸이여 듣고 보고 귀를 기울일지어다 네 백성과 네 아버지의 집을 잊어버릴지어다 그리하면 왕이 네 아름다움을 사모하실지라 그는 네 주인이시니 너는 그를 경배할지어다"(시 45:10,11)라는 말씀을 경험했다.

신부의 사랑으로 부름받은 자의 축복은 세상의 무엇과도 비할 수 없다.

"여호와는 나의 산업과 나의 잔의 소득이시니 나의 분깃을 지키시나이다 내게 줄로 재어준 구역은 아름다운 곳에 있음이여 나의 기업이 실로 아름답도다"(시 16:5,6).

예수님은 친히 말씀하셨다.

"천국을 위하여 스스로 된 고자도 있도다 이 말을 받을 만한 자는 받을지어다"(마 19:12).

이 사랑이 얼마나 강하게 사로잡으며 인생을 변화시키는지는 사도 바울을 통해 볼 수 있다. 그는 신랑 되신 주님을 위해 자유로운 것이 의미하는 바를 고린도전서 7장 32-38절에 잘 표현해 놓았다.

교회사를 통해 볼 때 신부의 사랑을 지녔던 사람들 중에 결혼한 사람들도 많았다. 17세기의 기용 부인도 그중 한 사람으로, 온전히 주님을 위해 살면서도 또한 가정에서의 의무를 모범적으로 잘 이행한 사람이다. 또한 많은 가장도 예수님에게 처음 사랑을 드렸고 자신의 가정을 주께 봉헌했다. 나이 든 후 신부의 사랑을 발견한 사람들은 특별한 열심으로 예수님을 사랑했다. 또한 예수님을 향한 강렬한 사랑은 여러 어려운 상황 속에서도 힘을 주었고 박해마저도 이겨내게 했다.

놀라운 사랑을 받다

예수님은 신부를 사랑하시기에 그들을 향해 표현할 수 없을 만큼 놀라운 계획을 갖고 계신다. 성경에 기록된 대로 그분의 형상을 본받게 하여 그분의 영광 안에 영원히 함께 하려는 것이다.

"하나님이 미리 아신 자들을 또한 그 아들의 형상을 본받게 하기 위하여 미리 정하셨으니 … 또 미리 정하신 그들을 또한 부르시고 부르신 그들을 또한 의롭다 하시고 의롭다 하신 그들을 또한 영화롭게 하셨느니라"(롬 8:29,30).

이 놀라운 말씀이 하나님의 말씀에 기록되지 않았다면, 결코 우리 입술로 말할 수 없었을 것이다. 하지만 이것이 바로 예수님의 사랑이며, 그분은 모든 대가를 지불하심으로 이를 이루셨다. 그분은 이 땅에서 사시는 동안, 특히 겟세마네에서 골고다까지 끝없는 고통을 당하셨다. 예수님은 몸과 혼과 영의 고뇌와 고통을 계속해서 견디셔야 했고, 죽음에 이르는 십자가상에서 "다 이루었다"라고 외치실 때까지 고통 받으셨다.

예수님의 고난은 측량할 길 없이 커서, 이를 통해 신부에게 주시려는 것 또한 측량할 길 없다. 우리의 죄를 대속하신 후에 그 죄를 기억조차 않으시고 용서해주시는 것만으로도 하나님은 영원히 찬양받으실 만하다.

그러나 그분은 이를 넘어 죄 된 인간인 우리를 가장 아름다운 그분의 형상과 같이 흠없는 영광으로 가득 차게 하시고, 주의 얼굴에서 빛나는 크신 사랑을 반영하게 하시며, 천국의 기쁨과 온전한 겸손의 모습으로 변화시켜 주신다.

이 겸손은 하나님의 도성에서 신부의 고결함이 될 것이며, 주님은 신부로 인해 기쁨을 이기지 못하시고 즐거이 부르며 기뻐하실 것이다(습 3:17). 우리의 교만과 우리 자신을 생각해볼 때는 상상하기도 어려운 것이며, 이에 모든 천사가 경배하며 외칠 것이다!

"오, 하나님의 어린양이여 당신의 고난과 흘리신 보혈로 이를 이루셨습니다. 죄인들이 이렇게 새로운 피조물로 변하다니요! 당신의 고난이 얼마나 크신지요. 죽임을 당하신 어린양, 당신을 경배합니다."

기다림이 가져다주는 선물

이렇게 예수 그리스도의 신부가 된 자들의 강한 소망은 하나님의 도성에서 그분과 함께 영원히 사는 것이다. 여기에는 한 가지 전제 조건이 있는데, "이기는 자는 이것들을 상속으로 받으리라"(계 21:7)라는 것이다. '이기는 자'는 하나님의 도성에서 어린양의 혼인 잔치에 참여하는 영광을 누리게 된다고 하셨기에, 신부는 생명의 면류관을 얻기 위해 믿음의 선한 싸움을 싸운다.

기도가 응답받지 못할 때의 기다림은 고통스럽다. 그러나 이 기다림은 기도의 응답이 주어지는 것을 방해하지 않도록 우리를 온전한 회개와 마음의 변화로 이끈다. 기도의 응답을 기다리는 것에는 또 다른 축복이 숨겨져 있다. 우리가 간구한 것보다 훨씬 더 좋은 것을 주시기 위해 하나님께서 기도의 응답을 지연하시기도 한다는 것이다. 이 인내의 시간을 통해 위대한 것들이 만들어진다.

우리는 하나님께서 기도를 듣지 않으시거나 우리의 간구에 응답하지 않으신다고 느껴질 때면 믿음을 총동원한다.

"주님이 언젠가 기도에 응답하실 것을 믿습니다. 나의 구주이신 하나님을 신뢰합니다. 기도는 결코 헛되지 않으며, 주님은 모든 기도에 귀를 기울이신다고 말씀으로 약속해주셨습니다. 그러니 반드시 성취될 것입니다."

하나님의 계획이 놀랍지 않은가! 얼마나 귀중한 선물인가!

이처럼 아무것도 일어나지 않는 것처럼 보일 때 믿음으로 인내하며 싸우는 일은 고통스럽지만, 그 속에는 엄청난 축복이 들어 있다. 믿음으로 인내하는 것은 우리의 믿음을 더욱 강하게 만들어 이후에 닥쳐오는 역경과 시험에서는 하나님을 신뢰하고 믿음으로 '산을 옮기는' 일이 훨씬 쉽게 느껴질 것이다.

기다림에는 우리를 위한 또 다른 선물이 예비되어 있다. 바로 겸손이다. 주제넘게도 우리는 하나님이 우리의 기도에 바로 응답해주셔야 한다고 생각하는 경우가 많다. 하나님께서 원하시는 일은 하지 않으면서, 우리는 하나님을 계속 기다리시게 하면서 말이다.

전능하신 하나님께서 우리의 기도에 응답하실 때까지 기다리면서 우리는 더 작고 겸손해지며 가장 높으신 분의 아들, 예수님을 더욱 닮아가게 된다.

"나는 마음이 온유하고 겸손하니 나의 멍에를 메고 내게 배우라"(마 11:29).

회전무대의 원칙

우리가 인내해야 할 고통의 상황 중에서도 깨져버린 관계의 문제는 정말 견디기 힘들다. 상대는 당신의 배우자일 수도 있고, 자녀, 직장 동료 또는 이웃일 수도 있는데, 그 대상이 누구이든 많은 고통을 받게 된다. 그럴 때 우리 눈에는 비록 해결책과 탈출구가 보이지 않을지라도 하나님께서는 도움과 치료를 줄 수 있는 '영적 특효약'을 고난 중에 준비해놓으셨다.

나는 히스테리 상태에 있는 사람과 얼마 동안 같은 집에서 살아본 적이 있다. 이기심과 시기심, 반항심에 시달리며 어떤 사람이든 객관적이고 올바른 관점에서 볼 수 없었던 그 사람은 내 삶을 고통스럽게 했다. 비난하고 화내며 발작하는 것이 하루 일과였고, 나는 더 이상 참을 수 없는 지경에 이르렀다. 내 입장에서는 이 사람이 내 모든 것을 망쳐버렸기 때문에 마음속에 쓴뿌리가 조금씩 자리 잡았고, 이 사람을 상대하는 것을 거의 포기할 정도가 되자 대화가 단절되기 시작했다. 개선할 방법은 없는 것처럼 보였다. 주변 사람들도 이렇게 산산조각 난 관계는 그 무엇으로도 회복할 수 없을 거라고 장담했다. 그런데 그때 기적적인 방법으로 관계가 회복되는 것을 경험했다.

어느 날, 나는 괴로워하며 주께 도와달라고 간절히 기도하면서 이 견딜 수 없는 상황을 변화시키기 위해 내가 무엇을 해야 하는지 물었다. 그때 갑자기 하나님의 손이 내게 고통을 주는 그 사람이 아니라 나를 향하시는 것 같았다.

'변화되어야 할 사람은 바로 너다. 너는 모든 것이 상대방의 잘못이라고 생각하지만, 네 잘못이 없었다면 그런 일은 결코 일어나지 않았을 것이다. 가장 큰 계명 중의 하나가 네 이웃을 네 몸과 같이 사랑하라는 것이 아니냐? 이 사람을 향한 너의 사랑이 어디 있느냐? 그녀도 너의 이웃이 아니냐? 너는 그녀를 더 이상 사랑하지 않는다. 사랑하지 않는 것은 죄다. 그뿐만 아니라 너는 심지어 분개하면서 억울한 마음을 품고 있다. 성경에서는 원망함, 다른 사람들을 용서하지 않는 것은 가장 심각한 죄들 중 하나이며, 하나님나라에 들어오지 못하게 한다고 말한다(마 6:15 ; 18:34 ; 히 12:15). 고소하는 자 사탄이 너를 자기편으로 이끌도록 허용하고 있는데, 네 마음속에서는 계속 비난이 일고 있구나. 하나님이 보시기에는 네가 죄인이다. 너는 극히 정상이지만 이 사람은 상당히 불안정하다는 것을 알고 있다. 너는 이 역경을 사랑과 용서의 영으로 극복했어야 했는데, 분노가 폭발할 때마다 너는 뒤로 물러났고 마음을 닫아버렸다.'

예수님은 계속해서 이렇게 말씀하시는 것 같았다.

'너의 심판자로서 오늘 네게 이렇게 묻는다. 너의 용서와 사랑이 어디 있느냐? 사랑은 다른 이의 많은 허물을 덮는다. 너는 많은 죄와 결함이 있지만 나의 용서하는 사랑 덕분에 끊임없이 살아가고 있음에도 불구하고, 나는 네게서 용서하는 사랑을 발견하지 못했다. 그러니 이제 용서하지 않는 죄와 쓴뿌리를 회개할 수 있도록 기도해라. 통회하는 마음으로 내 십자가로 서둘러 가서 내가 흘린 피로 사함받으라. 나의 피가 너를 깨끗케 함과 동시에 너의 굳어진 마음이 부드러워질 것이며, 원망 대신 사랑이 흘러나올 것이다.'

그날 이후로 나는 깊은 회개를 위해 기도했다. 몇 주, 몇 달 동안 매일 아침 20분을 떼어 이 기도 제목을 놓고 기도했는데, 주님의 은혜로 나의 기도는 응답받았다. 참회는 불쌍한 죄인인 나를 그 어느 때보다 더 예수님에게로 가까이 이끌어주었고, 주님이 내 안에서 새 일을 행하시는 것을 경험할 수 있었다. 주님은 내 삶을 그토록 힘들게 했던 그 사람을 향한 자비로운 사랑을 부어주셨다.

나는 또다시 힘든 시기가 찾아와 그녀가 분노의 말을 나에게 쏟아부었을 때 우리가 서 있었던 장소를 아직도 기억한다. 그때, 놀랍게도 다른 방식으로 반응하는 내 자신을 발견했다. 방어하며 마음을 닫는 대신 그녀를 향한 동정 어린 사랑이 갑자기 내 안에서 솟아나는 것을 느낄 수 있었다. 내가 갑자기 사랑으로 끌어안자 그녀는 놀란 눈으로 나를 바라보았다.

그날 이후로 상황은 완전히 달라졌다. 우리의 관계는 더 이상 치유할 수 없는 불가능이 아니었다. 새로운 기초가 놓였고 변화가 일어났다. 잘못한 사람은 더 이상 상대방이 아니라 나였고, 이제 그녀에게 용서를 구할 수 있었다. 진심으로 그렇게 해야 한다는 뉘우침이 생겼고, 이것이 그녀의 마음을 열게 했다. 여기서 '회전무대의 원칙'이 적용되었다. 이전에는 오직 상대방이 무엇을 하고 그 사람이 나에게 어떻게 잘못했는지만 보았다면, 갑자기 무대가 회전해 나의 잘못을 보게 된 것이다.

십자가에서 회복되는 기쁨

당신이 괴로워서 하나님께 울부짖을 때 동일한 경험을 하게 될 것이다. 그분은 동일한 하나님 아버지이시므로, 만약 당신이 깊이 뉘우치는 마음을 달라고 멈추지 않고 신실하게 기도한다면 당신의 기도를 들으시고 회개의 영을 부어주실 것이다. 그리고 뒤를 돌아보면 관계상의 어려움이 당신에게 매우 귀중한 것을 가져다주었음을 알게 될 것이다.

실제로 고난은 항상 소중한 것들을 지니고 있다. 먼저 역경 속에서 눈을 열어 당신의 죄성을 보게 하며 그 진리는 우리를 자유롭게 한다. 엄청난 독선의 죄와 억울함과 원통함, 항상 다른 사람들을 탓하는 위선으로부터 우리를 자유롭게 한다.

따라서 '깨진 관계'라는 충격적인 경험은 우리를 주 예수님에게 더 가까이 가게 하며, 참회하는 죄인으로서 십자가 앞에 나아가게 한다. 그렇게 될 때 하나님께서는 그분의 마음속에 있는 기쁨을 우리 안에 흐르게 하신다.

예수님은 겸손히 자신의 죄를 인정하는 영혼을 하나님과 사람들에게 더 가까이 가도록 이끄신다. 이전에 우리가 다른 사람을 비난할 때는 불행했고 내면이 찢겨 있었지만, 예수님은 이제 우리에게 기쁨과 평화로 채워주신다.

그럴 때 무한하신 긍휼과 사랑, 용서를 베푸시는 주님을 알게 된다. 주님이 우리의 마음을 사랑으로, 무거운 짐이었던 이웃들을 향한 자비로운 사랑으로 채워주실 수 있다면 우리는 가장 행복한 사람들이 될 것이다. 다른 사람들을 사랑하는 것만큼 우리를 행복하게 만드는 것은 없기 때문이다. 여기에는 우리에게 상처를 주는 사람들도 포함된다. 우리가 사랑하는 자들이 될 때 이기는 자가 되고 사랑의 왕국, 영광의 왕국인 천국에 들어가게 될 것이다.

CHAPTER **11**

사랑은 모든 것을 맡긴다

우리는 때로 해결책이 보이지 않는 어렵고 복잡한 상황에 처하게 된다. 산더미 같은 근심이 불쑥 나타나면 어떻게 해결해야 할지, 어디서 도움을 청해야 할지 알 수조차 없는 근심의 소용돌이 속에서 잠 못 이루기도 한다. 그 중압감이 당신을 짓누르면 시간과 여력이 부족해서 그 문제들을 처리할 수 없을까봐 두려워지기도 한다. 또는 경제적으로 궁핍한 상황에 처할 때도 있다. 자녀들의 양육 문제라든지 자녀들의 미래를 위해 적절한 교육을 받도록 하는 데 따르는 어려움을 걱정하고 있을지도 모른다. 질병으로 인한 염려 때문에 부담을 느끼거나 나이 드신 부모님이 걱정될 수도 있다. 이러한 근심거리들이 당신을 무겁게 내리누를 수 있다.

근심을 하나님의 조명 아래 내려놓으라

인간적으로 보면, 대개 우리가 근심하는 데에는 그럴 만한 이유가 있다. 그럴지라도, 우리는 먼저 이 일에 대해 주님이 빛을 조명해주시길 구하는 것이 좋다. 우리 자신의 탓일 수도 있기 때문이다.

어떤 사람들은 자신의 소망이 이루어지지 않으면 그에 대해 걱정하는 데 모든 시간을 쏟는다. 또는 실제로는 전혀 그렇지 않은데도 어떤 특정한 욕구들이 삶에 필수적이라고 생각하기도 한다. 직장이나 어떤 삶의 영역에서 꿈꿔왔던 지위를 얻지 못해서 너무 낙심하기도 한다. 이때 우리를 도와줄 간단한 질문이 하나 있다.

'내가 이것 때문에 걱정하는 것이 하나님의 뜻인가?'

'혹시 나에게 유익하지도 않고 가져서는 안 될 것을 두고 걱정하고 있는 것은 아닌가?'

이런 문제들은 우리의 의지를 하나님의 뜻에 내려놓을

때 해결될 수 있다.

'하나님께서 주시지 않는 것은 나도 갖고 싶지 않아. 왜냐하면 하나님께서는 나를 사랑하시고 항상 가장 좋은 길로 인도해주시기 때문이지. 하나님께서 더 좋은 길을 알고 계셨다면 나를 그 길로 인도하셨을 거야.'

그러나 정말 공감할 만한 걱정들도 있다. 특히 우리가 돌보아야 할 책임이 있는 사람들과 관련된 일이라면 더욱 그렇다. 이런 염려들은 우리를 무겁게 짓누른다. 나도 자매회의 영적 어머니로서 이런 일들을 경험했다. 해외 지부와 독일에 있는 '작은 약속의 땅, 가나안'에서 일어나는 모든 문제는 어떻게 해결해야 할지 모르겠는 때가 많기 때문이다.

근심은 어떤 고통과 그것이 가져올 결과를 확대시켜서 우리를 우울하게 만든다. 그러나 주님은 모든 걱정거리를 해결할 수 있는 방법을 보여주셨다. 그것은 바로 우리를 에워싸고 있는 모든 걱정과 문제가 하나님의 영원한 계획의 한 부분이라는 확신이었다.

'우리를 사랑하시는 하나님 아버지께서는 모든 사항을 고려하셔서 우리를 이러한 어려움 가운데로 이끄셨고, 동

시에 해결책도 계획해놓으셨어. 진정한 아버지는 절대로 자녀를 아무 도움도 주지 않은 채 내버려두지 않아.'

이 사실을 믿기로 결단하자마자 나는 즉시 하나님께 감사드리며 이렇게 말할 수 있었다.

"주님이 해결책을 갖고 계시니 이제 제가 그것을 보여 달라고 구하면 제 마음 속에 알려주실 것입니다."

예를 들어, 사역에 관한 논의를 하다가 아무런 해결책이 떠오르지 않을 때마다 나는 잠시 중단하며 하늘에 계신 아버지께 감사드리는 동시에 도움을 청하는 기도를 드리곤 했다.

"아버지께서는 이 문제의 해결책을 갖고 계시니 다음 단계의 해결책도 알려주실 것입니다."

그리고 나면 대체로 아주 갑자기 길이 열리곤 했다.

근심이 우리를 덮칠 듯이 위협해올 때 하나님의 말씀을 그대로 믿는 믿음이 필요하다. 그 말씀을 가지고 담대히 나가서 도와주신다고 하신 약속을 하나님께 상기시켜드릴 수 있다.

"주께서 이렇게 약속하셨고 주의 이름은 '예와 아멘'이시니 말씀대로 행하실 것입니다. 저는 문제들이 해결되고 모든 걱정이 사라지는 것을 경험할 것입니다. 하나님께 불가능한 것이 무엇이겠습니까? 인간적으로 보면 해결책이 없고 곤경을 빠져나갈 길이 보이지 않지만, 하나님께는 불가능이 없습니다."

나는 당신을 이렇게 격려하고 싶다.

"걱정거리 주변을 맴돌지 말고 하나님 아버지를 신뢰하십시오. 어려움, 불가능, 문제와 사람들 그리고 당신을 걱정하게 만드는 것이 무엇이든 그런 것들을 곱씹지 말고, 하나님 아버지가 누구신지, 그 사랑이 어떠한지를 생각하십시오. 주님은 당신을 반드시 도와주시고 해결책을 주실 것입니다."

어려움에 직면했을 때, 나는 종종 하늘에 계신 아버지께 찬양을 올려드린다. 그분은 우리는 사랑하시고 우리의 필요를 아시는 아버지라는 사실을 선포하며 이렇게 노래한다.

"나의 아버지, 당신을 신뢰합니다. 주께서 모든 문제를 해결해주실 것을 알기에 내 믿음은 흔들리지 않을 것입니다."

일상의 삶에서 수시로 찾아드는 근심과 걱정을 벗어나

점점 더 하나님 아버지의 참된 자녀가 되어가길 소원한다.

인도하심을 의지함으로 두려움에서 벗어나라

근심과 걱정 외에도 이미 받은 축복과 또한 기뻐할 수 있는 모든 것을 망치는 것이 있다. 바로 두려움이다. 우리는 우리와 사랑하는 사람들에게 내릴지도 모르는, 도처에 잠복해 있는 재앙의 환영을 보고 두려워할지도 모른다. 또는 심각한 질병이나 경제적 상황의 악화로 인한 파산, 커져가는 존재의 불확실성에 대한 두려움, 현재 매일 일어나고 있는 도둑, 강도, 폭력과 테러에 대한 두려움, 악한 세력에 대한 두려움, 끔찍한 결과를 낳는 저주와 주문들, 폭동과 시가전, 기근에 대한 두려움, 기독교인에게 임박한 핍박에 대한 두려움, 핵전쟁에 대한 두려움 등으로 괴로워할 수도 있다.

예수님은 "세상에서는 너희가 환난을 당하나"(요 16:33)라고 말씀하셨다. 이미 시작된 마지막 때에 관해서는 "사람들이 세상에 임할 일을 생각하고 무서워하므로 기절하리니"(눅 21:26)라고 예언하셨다. 두려움은 우리의 건강에 치명적일 수도 있다. 우리는 이러한 고통, 엄청난 두려움의 병을 어떻게 극복할 수 있을까? 나도 두려움이 많은 사람으로서 그것을 어떻게 극복했는지 나누고 싶다.

나는 2차 세계대전 중 한 선교 단체에서 여행 강사로 섬기면서 독일 전역을 여행했다. 그러면서 전투기의 공습이나 저공 비행하며 폭격하는 모습을 보기도 했는데, 두려움이 느껴질 때마다 나에게 도움이 되었던 짧은 기도가 있다.

"예수님, 당신을 위한 것입니다! 제가 수많은 위험을 무릅쓰고 이 사역을 하는 이유는 바로 주를 위해서입니다."

나 자신을 하나님의 인도하심에 맡겼을 때, 그분께서 가까이 계신 것을 느낄 수 있었고 모든 공포와 두려움이 사라졌다.

그 후 1962년에 쿠바 사태가 일어났다. 전 세계를 불바다로 만들 수도 있었던 상당한 동요와 전면적인 소동이 있었다. 나 또한 당시 느꼈던 두려움이 지금도 되살아나곤 한다.

'다시 세계 전쟁이 일어나면 어떡하지? 지난 전쟁보다 훨씬 더 끔찍할 거야.'

이제 '자매회'라는 대가족을 책임지고 있는 나에게는 생각해야 할 사람들이 많아졌다. 어려움이 다가올 때 우리가 더 큰 두려움을 느끼는 이유는 우리 자신보다 우리가 사랑하는 사람들 때문인 것이 사실이지 않은가? 그러나 내가 예수님의 임재에 대한 확신을 느낄 때 두려움은 사라졌다.

두려움은 우리의 사고방식과 믿음에서 예수님을 배제시킬 때 생긴다. 그러나 우리가 상상하는 섬뜩한 상황에서도 예수님을 모시면 갑자기 모든 것이 달라지게 된다. 예수님이 우리의 선입견을 깨뜨리시고 우리가 갇혀 있는 공포의 순환 고리를 끊으심으로 우리는 예수님이 함께하신다는 확신 속에서 쉼을 얻게 된다. 오래전에 두려워하는 제자들 곁에 계셨던 것처럼 예수님은 "너희에게 평강이 있을지어다"(요 20:21)라고 말씀하시며 우리에게 찾아오실 것이다. 위엄 있는 이 말씀에 그분의 평화가 우리 마음속에 흘러들어와 담대해질 것이다.

주님의 생각은 우리의 생각과 다르다. 이 사실을 믿는 만큼 우리는 상황을 변화시키시는 주님의 능력을 경험하게 될 것이다. 예수님은 어둠을 밝히시는 빛이자 평화를 주시고 두려움을 몰아내는 평강의 왕으로 우리에게 오신다. 역경 중에 있는 우리 곁에 오셔서 도와주신다. 그것이 사랑의 방법이다.

그분의 전능하신 능력으로 우리의 문제를 처리하신다. 아무도 우리를 도울 수 없을 때, 주님은 위험과 고통 속에 있는 우리에게 필요한 도움을 주시며 초자연적인 돌보심을 경험하게 하신다. 주께서 가까이 계실 때, 우리는 이 시편의 말씀을 실제로 경험할 수 있을 것이다.

"내가 환난 중에 다닐지라도 주께서 나를 살아나게 하시고 주의 손을 펴사 내 원수들의 분노를 막으시며 주의 오른손이 나를 구원하시리이다"(시 138:7).

두려움 가운데 있을 때 예수님이 오실 것을 믿으면, 두려움은 용기로 변하게 될 것이다. 갈릴리 해변에서 삼킬 것처럼 위협해오는 파도를 보고 겁에 질려 떨고 있던 제자들에게 이런 일이 일어났다. 갑자기 그들 앞에 나타나신 예수님은 "안심하라 나니 두려워하지 말라"(마 14:27)라고 말씀하셨는데, 이는 명령과 같다.

"두려워하지 말아라. 두려워하는 것은 나의 사랑을 멸시하는 것이다. 너희는 마치 고통 중에 있을 때 내가 돌보지 않는 것처럼 행동하는구나."

예수님은 우리에게도 이렇게 말씀하신다.

"안심하라!"

주님은 위험과 고통 속에 있는 사람들에게 서둘러 오신다. 파도가 절정에 달했을 때 예수님이 오실 것이다. 주님은 파도에게 명령하시고 배의 키를 직접 잡으신다. 그 강하신 팔로 파도를 넘어 우리를 안전하게 인도하신다. 주 예수 그리스도처럼 우리를 극진히 사랑해주시는 분은 없다. 그런 분이 우리의 두려움도 몰아내주시지 않겠는가?

삶 가운데 찾아오는 특정한 고통을 두려워하고 있는가? 두려움은 우리가 역경을 받아들이지 않을 때에만 우리를 장악할 수 있다.

우리가 주께 전적으로 맡기지 못하는 이유는 감당하지 못할 시험은 결코 주시지 않는 하나님 아버지의 사랑을 신뢰하지 않기 때문이다(고전 10:13). "사랑 안에 두려움이 없고"(요일 4:18)라는 말씀과 함께 우리가 올바른 두려움, 즉 거룩하신 하나님을 향한 신성한 두려움과 경외심을 갖는다면 우리를 괴롭게 하는 두려움과 다가올 고통에 대한 불안감은 사라질 것이다. 그러면 오히려 주님의 명령을 무시하거나 죄를 씻으러 빛 가운데로 나오지 않음으로 주님을 잃게 될 것을 두려워하게 될 것이다.

하나님을 잃으면 모든 것을 잃는 것이다. 하나님이 우리

편에 서시면 우리는 필요한 모든 것을 얻을 수 있다. 가장 어렵고 힘든 시기에도 말이다. 그러면 우리도 사도 바울처럼 승리를 선포할 수 있게 될 것이다.

"만일 하나님이 우리를 위하시면 누가 우리를 대적하리요 … 사망이나 생명이나 … 현재 일이나 장래 일이나 … 우리를 우리 주 그리스도 예수 안에 있는 하나님의 사랑에서 끊을 수 없으리라"(롬 8:31-39).

그러므로 삶과 불확실한 미래에 대한 두려움 가운데 있을 때, 우리의 주된 관심은 하나님의 거룩하심을 기억하면서 빛 가운데 행하고 회개하고 참회하며 살아감으로 하나님께서 우리와 함께하시는 것이 되어야 한다. 그러면 자비로우신 하나님 아버지와 구세주 예수님을 더 깊이 알게 되고 사랑하게 될 것이다. 내가 누군가를 사랑하면 그 사람을 신뢰한다. 예수님은 "나를 사랑하는 자는 내 아버지께 사랑을 받을 것이요 … 사람이 나를 사랑하면 내 말을 지키리니 … 우리가 그에게 가서 거처를 그와 함께하리라"(요 14:21,23)라고 약속하셨다.

두려움은 고통의 한 형태이다. 그러나 하늘의 기쁨과 축복은 모든 형태의 고난 속에 들어 있다. 두려움도 예외는 아니다. 두려움이 우리를 공격해올 때 모든 이해를 뛰어넘는 평화, 하나님의 마음에서 우리에게 강물처럼 흘러와 기쁨으로 가득 넘치게 하는 그 평강이 우리의 것이 될 것이다. 예수님이 우리의 평강이 되신다. 평화 자체이신 주께서 이 놀라운 평화를 당신에게 선물로 주기 원하신다. 그리고 고통과 두려움에 직면한 순간이야말로 이 귀중한 선물을 믿음으로 요청할 수 있는 때이다.

주님의 말씀과 약속으로 승리하라

우리 마음에 평강을 주는 확신이 또 하나 있다. 그것은 '나에게 발생하는 모든 일은 사랑이신 주님의 마음에서 계획되었다'라는 것이다. 우리가 '눈물의 골짜기'를 지날 때가 있다. 아래의 세 구절은 그때마다 내가 쥐었던 단단한 지팡이들이다. 첫째는 찬송가의 한 구절이다.

"주께서 허락지 아니하시면 아무것도 내게 일어날 수 없네. 그리고 그 모든 것은 내게 유익이라네"(파울 플레밍, 1609-1640).

나머지 두 가지는 성경 구절이다.

"주님이시라!"(요 21:7)

"그의 경영은 기묘하며 지혜는 광대하니라"(사 28:29).

이 세 가지는 기적의 효과를 지닌다. 나는 이 구절들이 어떻게 모든 것을 변화시키는지를 경험했다. 이제 이 구절들은 내 삶의 일부가 되어서 괴로움이나 고통이 발생하거나, 괴로운 소식이 들리거나, 부담과 해결되지 않은 문제들이 나를 삼키려고 위협해올 때 즉시 마음속에 떠오른다.

1) 오직 주님의 허락하심 아래서

"주께서 허락하지 아니하시면 아무것도 내게 일어날 수 없네. 그리고 그 모든 것은 내게 유익하네"라는 말은 경이로운 힘을 가지고 있는데, 고통에 처할 때 우리는 "나에게 일어날 일을 결정하시는 분은 누구신가?"라고 묻기 때문이다. 그분은 바로 하늘에 계신 우리 아버지, 사랑의 아버지이시다. 그분은 무한한 권능으로 우리를 마음대로 다루시는 폭군이 아니라, 사랑이 넘쳐흐르는 우리의 아버지이시다. 그분은 나에게 일어날 모든 일, 즉 하나님께서 내게 주신 하루 동안 내 삶에서 발생하게 될 어려움을 비롯해 그 밖의 모든 일을 생각하고 계신다. 무슨 일이 어떻게, 왜 일어날지, 누가 그 일을 위한 하나님의 도구로 사용될지 등 모든 것을 고려하신다. 그러므로 그 모든 것은 궁극적으로 어떤 특정한 사람이나 환경, 일련의 사건의 책임이 아니라, 우리를 사랑하시는 하늘 아버지의 손에서 온다. 즉 그 모든 일 뒤에는 사랑이 있다.

2) 바로 주님이시라

두 번째로 "주님이시라!"라는 말씀은 고통과 어려움, 예상치 못한 역경이 우리 삶에 닥쳐올 때, 실제로 우리 마음의 문을 두드리고 계신 분이 주님이심을 말해준다. 주님은 나를 사랑하시고 고난을 통해 내게 오길 원하신다. 만약 당신 삶에 지금 문제가 있다면 주께서 동일한 일을 보이실 것이다.

혹시 주님이 보이지 않거나 주님을 알아보지 못하고 있는가? 아니면 예수님이 부활하신 후에 갈릴리 바닷가에 있던 제자들처럼 낙심하고 있는가? 당시 제자들은 매우 고통스러운 상황에 있었다. 예수님을 위해 일터와 모든 것을 포기했던 그들에게 이제는 생계 수단마저 사라졌기 때문이다. 심지어 더 이상 먹을 것이 없는 상황에까지 도달해 그들의 유일한 소망은 고기를 많이 잡는 것이었지만, 그것조차 실패했다. 아무런 도움을 받지 못했고 하나님께서 그들을 완전히 버리신 것처럼 생각되었다. 왜 주님은 그들을 이렇게 고통스러운 상황으로 인도하셨을까? 그래야만 그들이 주님을 만날 수 있기 때문이다!

그런데 그들에게 "얘들아, 너희에게 물고기가 있느냐?"라고 물으신 분이 주님이시라는 것을 안 사람이 누구였는가? 예수님을 진정으로 사랑했던 요한이었다. 그렇게 자애로운 말은 오직 우리 예수님에게서만 나올 수 있기 때문에, 그는 그분이 예수님이 틀림없다는 것을 알았다. 예수님은 그들을 "얘들아"라고 부르셨다. 주님의 표현은 3년 동안 제자들과 전 지역을 다니며 사역하실 때보다 더 부드러웠다.

예수님은 제자들에게 먹을 것이 있는지 물으셨다. 비록 더 이상 육신의 몸을 입지는 않으셨지만, 부활하신 주님은 제자들이 어떻게 생활하고 있으며 무엇이 필요한지 알고 싶어 하셨다. 요한과 달리 다른 제자들은 주님을 알아보지 못했다. 우리도 그들처럼 자주 주님의 사랑을 알아보지 못한다.

주께서 우리의 눈을 여셔서 그분의 사랑을 보게 하시기

를, 그래서 고통 가운데서도 "주님이시군요! 제가 고통 가운데 있을 때 주님의 사랑이 저를 주께로 이끌어주었군요"라고 말할 수 있기를 바란다. 그럴 때는 주께서 마치 이렇게 물으실 것 같다.

"나의 자녀야, 무엇이 부족하니? 내가 여기, 바로 네 옆에서 너를 도와주려고 있단다. 너의 모든 문제가 놀라운 하나님의 역사로 변화되는 것을 보게 될 것이란다. 고난 속에 있는 너에게 내가 왔기 때문이지. 나를 믿거라. 더 이상 사람이나 환경을 바라보지 말고 네 눈을 나에게 고정시키거라. 나는 네가 나를 보고, 나를 받아들이고, 나에게 사랑을 보여주기를 원한단다. 문제가 생길 때면 그것들이 너를 내게로 데려왔음을 기억하거라. 실제로 네게 문제가 생기기 시작했을 때 나는 네게 가는 중이었고 지금 네 곁에 있단다. 너를 도울 준비가 되어 있는데 너만 나를 보지 못하는구나. 너의 삶을 어렵게 만든 것은 어떤 사람도, 역경도 아니란다."

그때부터 "주님이시라!"라는 요한의 고백은 내 모든 것을 바꾸어놓았고 내가 역경 속에서 그렇게 고백할 때마다 변화가 찾아오는 것을 발견했다. 나는 위로를 얻었고 내 마음은 평안과 주님을 향한 신뢰로 채워졌다.

3) 놀라운 목적으로 이끄시다

나에게 계속해서 도움을 주었던 또 다른 요소는, 나의 문제가 매우 놀라운 하나님의 목적과 연결되어 있음을 아는 것이었다.

"그의 경영은 기묘하며 지혜는 광대하니라."

하나님의 신성한 계획에 따라, 실제로 주님은 '고통'이라는 길을 통해 나를 영광스러운 목표로 이끌어가고 계신다. 그분의 경영은 놀랍고, 깊은 고통의 시간 동안 나는 이것이 사실임을 깨달았다. 내 삶에 일어나는 고통 중에 영원한 사랑이신 하나님께서 계획하신 목적이 있다는 것을 아는 것이 얼마나 큰 위로가 되는가! 긴 여생을 돌아보았을 때 "당신의 이끄심이 고통스러울 때도 많았지만, 당신은 저를 경외심으로 채우시며 모든 것을 놀라운 목적으로 이끄셨습니다"라고 고백하며 주님을 찬양할 수밖에 없다.

주님의 채찍은 사랑의 채찍이었고 주님은 그것들을 통해 나를 정화시키시고 천국을 위해 준비시키기 원하셨다. 때로 수년이 걸리기도 했지만, 주님의 신령한 계획에 따라 복잡한 상황이 정리되고 큰 문제와 어려움들이 놀라운 방식으로 해결되었다. 이런 일들을 자주 경험하면서 나는 새로운 역경이나 해결되지 않은 문제들에 직면할 때 평안히 머무를 수 있게 되었다. 내 마음속에는 승리를 향한 확신이 생겼다.

"당신의 사랑의 계획이 모든 것 뒤에 있으며 이 문제 역시 그럴 것입니다. 당신은 영광스러운 목적지로 저를 인도하고 계십니다."

이런 상황에서 나는 마치 '하나님의 계획과 목적'이라는 배에 탑승하고 있는 것처럼 느껴진다. 예수님이 파도 위를 가르시며 직접 배를 운전하신다. 파도가 격렬히 일고 우리를 삼키려고 위협해올지도 모르지만, 키를 잡고 계시는 그분이 모든 것을 제어하신다. 내가 그 배에 타고 있을 때는 그분이 우리를 어디로 이끄시든지, 우리의 삶에 어떤 일을 허락하시며 어떻게 우리를 다루시든지 오직 그분이 나를 향해 계획하신 것이 이루어지기를 갈망하게 된다. 그러고 나면 이 배가 '영생'이라는 해안에 다다르게 되는 것을 경험한다.

우리 인생을 향한 주님의 계획과 목적이 얼마나 놀라운

지를 이생에서도 볼 때가 있지만, 만약 지금이 아니라 해도 나중에 내가 탄 배가 '영생'이라는 해안에 다다를 때 나는 그분이 이끄신 그 영광스러운 목적을 보게 될 것이다. 그러니 이것을 시험해보라. 크고 작은 어려움이 생길 때, "주님이시군요. 이것을 내 삶에 허락하신 분은 나의 구주 예수님이십니다"라고 말해보지 않겠는가? 그러면 하나님의 인도하심이 힘들고 이해할 수 없는 것처럼 보일 때에도 아마 이렇게 반응하게 될 것이다.

"사랑하는 아버지, 아버지께서 나를 위해 사랑으로 계획하지 않으셨다면 어떤 것도 내게 일어날 수 없습니다. 그리고 그것은 나에게 유익합니다. 그래서 저는 비록 힘들지라도 이 길을 가기 원합니다. 저를 향한 당신의 목적에 반대하고 싶지 않습니다. 그렇게 하면 저를 영생의 영광스러운 목적으로 이끄시는 것을 막게 되고 제 삶을 향한 주의 놀라운 계획을 망치게 될 것이기 때문입니다."

그러니 아버지 앞에 자신을 내려놓고 이렇게 고백해보자.

"당신의 신령한 계획과 목적에 제 자신을 전적으로 맡깁니다."

이렇게 하면 우리는 그 배에 타게 되고, 그 배는 파도를 넘어 우리를 안전하게 하나님의 도성으로 인도할 것이다. 오늘날 우리 주님이 당하고 계신 모든 증오와 조롱과 모욕을 생각하면 그분께 기쁨을 드리고 싶은 열망이 솟아오르지 않는가? 우리가 주님의 계획에 우리 자신을 전적으로 맡길 때, 주께 기쁨을 드릴 수 있다.

이 세 가지 말씀은 매우 중요하다. 그 안에는 놀라운 가능성이 담겨 있다. 고난이 우리를 넘어뜨리려 하고, 불신과 낙담을 가져오며, 절망 속에 빠지게 할 때마다 주님이 우리에게 이런 고백을 듣게 되시길 바란다.

"나의 구주 예수님, 바로 당신이십니다."

끝까지 신뢰하라

우리는 이 믿음을 끝까지 붙들어야 한다. 끝까지 하나님을 신뢰해야 한다. 때로 우리는 더 이상 하나님의 인도하심과 행하심을 이해하지 못하고 심각한 내적 갈등에 빠지기도 한다.

'왜 하나님께서 침묵하시는가?'

'왜 하나님께서는 내 삶에 개입하셔서 도움을 주시지 않는가?'

'왜 요즘 세상은 갈수록 악이 판치며 승리하는가?'

혹은 자신의 죄가 진정 용서받은 것인지 고통스러워하며 의심할 수도 있다. 당신이 옳은 결정을 내린 것인지, 어떤 사람에게 제대로 처우한 것인지, 특정 상황에서 옳은 방법을 따른 것인지 몰라 당황해하며 안식을 얻지 못할 때도 있다. 내적 갈등은 우리의 정신과 영혼을 고통스럽게 하며 그 악순환에서 빠져나오지 못하도록 붙잡는다.

그러나 우리를 사랑하시는 하나님 아버지께서는 우리가 이러한 의심 때문에 괴로워하는 것을 원치 않으신다. 하나님께서는 우리가 이 악순환에서 빠져나올 수 있도록 도와주시며, 내적 갈등을 극복하고 시험을 이겨낸 자들에게 약속된 생명의 면류관을 주시기 원하신다(약 1:12 참고).

내가 상담 경험을 통해 알게 된 것처럼, 만약 당신이 내적 갈등에 굴복해 해결되지 않은 문제들을 가지고 계속 괴로워한다면 절대로 해결책에 도달하지 못할 것이다. 오히려 당신은 점점 더 괴로움에 빠지고, 고통스러운 생각들이 당신을 절망의 낭떠러지로 몰고 갈 것이다. 그러나 주님은 우리가 이 고통에서 빠져나올 수 있는 결정적인 방법을 알려주신다. 그것은 그 생각들이 찾아올 때마다 예수님의 이름으로 끊으며 단호하게 거부하는 것이다. 우리는 그것들을 예수님의 이름으로 꾸짖어야 한다.

"나는 원수가 심어놓은 그 어떤 생각들도 받아들이지 않겠으니 당장 물러가라! 하나님께서 나를 도우실 것이며 옳은 길을 보여주실 것이다!"

날마다 자신이 갖고 있는 생각의 악순환에서 벗어나 예수님에게로 향할 때 문제는 해결된다.

다음 단계는 당신의 모든 내적 갈등을 예수님에게 가져오는 것이다. 그분께 모든 것을 말씀드리고 기도하라. 예수님은 성경에 쓰인 것처럼 우리가 돌아오기를 기다리고 계신다.

"마귀를 대적하라 그리하면 너희를 피하리라 하나님을 가까이하라 그리하면 너희를 가까이하시리라"(약 4:7,8).

동시에 우리는 예수님에게 도움을 요청할 수 있다. 우리처럼 시험을 당하셨지만 죄를 짓지 않으신 주님은 우리가 시험 당할 때 도와주실 수 있다(히 2:18 ; 4:15 참고). 대제사장 되신 예수님은 우리를 불쌍히 여기시고 도와주기 원하신다. 하지만 우리도 주님이 정답이자 해결책이라는 것을 믿어야 한다. 홀로 지혜롭고 전능하신 하나님께서는 우리가 어떻게 해결해야 할지 모르는 모든 문제에 대한 해결책을 예비해놓으셨기에, 문제는 반드시 해결될 것이다.

하나님께서는 우리를 사랑하시기에 특정 상황에서 옳은 결정을 내렸는지, 어떻게 결정하고 행동해야 하는지 몰라서 마음 졸이도록 하시지 않는다. 주님은 빛이요, 진리 되시기에 우리를 진리 가운데로 인도하실 것이다. 만약 당신이 옳은 결정을 내렸는지, 제대로 된 길을 가고 있는 것인지, 또는 어떤 사람을 제대로 처우했는지 의심하며 괴로워하고 있다면 이 성경 말씀을 붙잡으라.

"자기 이름을 위하여 의의 길로 인도하시는도다"(시 23:3).

내적 갈등으로 위협받을 때마다 나는 이 말씀을 꼭 붙들었다. 그리고 주께 이렇게 말씀드릴 때면 괴로운 생각들이 떠나갔다.

"만약 어린아이가 아빠한테 길을 알려달라고 했는데, 아이가 길을 잘못 들었을 때 그냥 내버려 두지 않을 것입니다. 당장 돌아오라고 큰 소리로 부르지 않겠습니까?"

하늘에 계신 우리 아버지는 얼마나 더하시겠는가! 만약 당신의 의지를 완전히 주께 내려놓고 바른 길과 옳은 결정을 보여주시기를 구했다면 이미 그렇게 이끄셨음을 신뢰해도 좋다. 만약 사탄이 계속해서 당신의 생각을 그물에 옭아매려고 한다면 그럴 때마다 이렇게 말하라.

"나를 사랑하시는 하나님 아버지께서는 내가 잘못된 길로 가도록 내버려 두시지 않아. 그러니 나의 결정은 옳아. 만약 잘못되었다면 아버지께서 아주 분명하게 보여주셨겠지."

그러나 우리가 어떤 결정을 내리기 전에 하나님의 인도하심을 구체적으로 구하지 않았기 때문에 곤경에 처했을 수도 있다. 자기 고집대로 행동했을지도 모른다. 그래서 현재의 상황이 우리의 마음을 괴롭게 하고 있다면 회개하고 우리의 죄를 예수님에게로 가져가야 한다. 만약 진정으로 뉘우치고 회개하며 언제라도 만회할 준비가 되어 있다면 주 예수님이 이렇게 말씀하실 것이다.

"네 죄는 사함 받았다!"

주님은 겸손하게 뉘우치는 심령을 보신다. 자신의 고집으로 결정한 죄가 가져온 모든 결과를 주께서 고귀한 보혈로 덮으실 것을 신뢰하면 된다. 그러면 우리가 겪고 있던 내적 갈등은 무너지고 주님의 평화를 누리게 될 것이다.

우리에게 무의미해 보이는 고통의 길을 따라가야만 할 때 일어나는 특별한 종류의 내적 갈등도 있다. 그럴 때는 다시 한번, 우리의 힘으로는 이 문제를 해결할 수 없다는 것을 깨달아야 한다. 도움은 오직 주께로부터 온다. 주님의 생각은 우리의 생각보다 훨씬 더 높아서(사 55:9) 우리의 생각과 전적으로 다르다. 풍성한 지혜와 전능하심, 측량할 길 없는 사랑을 지니신 주께서는 우리에게 해결책을 주실 수 있고, 그렇게 하기를 갈망하신다.

하나님의 발자국은 마치 깊은 물속에 숨겨져 있는 것처럼 보이지 않다. 우리는 그것을 볼 수도, 어디로 향하는지 알 수도 없지만 한 가지는 분명하다. 주께서 틀림없이 우리를 아주 놀라운 목적지로 인도하고 계신다는 것이다. 그러므로 하나님의 이끄심을 이성적으로 헤아리면서 '왜 이렇게 무의미해 보이는 암흑과 혼란의 길, 결과를 알 수 없는 길로 데려가세요'라고 묻는 대신 하나님을 신뢰하라.

우리의 아버지이신 하나님은 사랑이시며 전지전능하시고 영원하신 분이다. 그분의 마음은 사랑 그 자체이며 그분의 뜻은 선하시다. 비록 미로에서 방황하고 있는 것처럼 느껴질 때에도 하나님은 지혜롭고 영원하신 계획대로 이끄시며 놀라운 목적을 향해 인도하고 계신다. 사랑과 진리이신 하나님께서는 절대로 자기 자녀를 혼란 속으로 인도하지 않으신다. 우리가 그렇게 생각할 뿐이다. 하나님을 신뢰하고 기다리면 무의미해 보였던 그 길에 깊은 뜻이 있었음을 발견하게 될 것이다. 하나님과 함께라면 고통은 절대로 끝이 아니다.

의심과 유혹 속에 파묻혀 당신을 괴롭게 하지 말고 예수님이 항해사가 되시는 '하나님 사랑의 배'에 오르라. 그러면 우리를 위해 예비하신 영광스러운 목적지에 도달하게 될 것이다. 훗날 뒤돌아보면, 아버지의 손에서 온 모든 것은 영원한 지혜로 가득 차 있으며, 우리를 향한 사랑의 마음에서 비롯된 것임을 알게 될 것이다.

그러므로 우리의 제한된 머리로 하나님을 이해하려고 하지 말자. 죽을 수밖에 없는 존재이며 지식과 논리가 제한된 피조물에 불과한 우리는 절대로 이해할 수 없지만, 하늘과 땅을 창조하신 전지전능하신 하나님은 영원히 변함없으신 분이시다. 그분의 지혜와 사랑을 의심하는 대신, 그 의심과 내적 갈등 뒤에 얼마나 많은 아집과 반항심이 자리 잡고 있는지 스스로에게 물어보라.

실제로 우리는 하나님의 인도하심에 불순종하며 주어진 십자가를 견디고 싶지 않다고 생각할 수도 있다. 또는 하나님께서 왜 이 길로 이끄시는지 모르기 때문에 반항할 수도 있다. 그러나 하나님께서는 항상 우리가 그분의 뜻에 완전히 자신을 내려놓고 신뢰하면서 하나님이 도움을 보내주시거나 모든 것을 분명히 보여주실 때까지 인내하기를 기다리신다. 그러므로 하나님을 이해하려고 애쓰기보다 하나님과 그분의 사랑을 신뢰하고 순종하며 당신 앞에 놓여 있는 다음 단계로 나아가라. 그럴 때 내적 갈등은 굴복할 수밖에 없으며 그 어느 때보다도 더욱 하나님과 가까워질 것이다. 그리고 항상 새로운 마음으로 이렇게 고백하라.

"나의 아버지, 당신을 이해할 수는 없지만 당신의 사랑을 신뢰합니다."

CHAPTER 12

사랑으로 약함을 넘어서는 사람들

우리는 하나님이나 주변 사람들과 조화롭게 살아가기를 갈망하지만, 실패를 경험하기 다반수이다. 강한 고집과 반항심으로 인해 하나님께서 문제와 어려움을 허락하실 때마다 곧바로 반항적인 생각에 사로잡히기도 한다. 가족, 직장 동료, 그 외 다른 누군가가 충고하거나 잘못을 바로잡아주려 하거나 자신이 원하는 방식으로 행동하지 않는 경우 반항심이 생긴다. 이는 대개 불친절한 언행으로 드러난다. 만약 우리가 그런 상태에 시달리고 있다면, 다른 사람들은 우리를 한 마디로 이렇게 표현할 것이다.

"저 사람은 참 힘든 사람이야."

자신의 죄성과 모난 성격을 이기는 자

우리가 가진 약함 중 성격 장애는 대개 우리 안에 내재하고 있는 죄의 나약함과 분노 때문에 발생한다. 어떤 사람들은 자신의 이러한 약점들을 인식하고 괴로워한다. 또 어떤 사람들은 그 결과로 인해 고통받기도 한다. 그들은 까다로운 성격과 기질 때문에 주변에서 사랑과 동정을 받지 못한다. 만일 어떤 사람이 일이 계획대로 진행되지 않거나 비판을 받을 때마다 침착하지 못하고 불같이 화를 낸다면 큰 문제가 아니겠는가? 그 사람의 존재나 언행에서 불이 뿜어져 나오는 것처럼 통제할 수 없는 어떤 힘이 작용하면, 그 분출의 결과로 다른 사람들이 깊이 상처받게 된다. 그러면 사람들은 발길을 돌리고 그 사람에게 좋지 않은 감정을 갖게 될 것이다.

어떤 사람들은 천성적으로 너무 예민해서, 실상은 그렇지 않은데도 사람들이 자신을 공격한다고 생각하며 사실에 입각한 발언을 계속 오해해서 받아들이기도 한다. 그런 사람들은 자존심이 강해서 다른 사람들이 자신에게서 잘못을 발견하는 것을 견디지 못하기 때문에 과민 반응을 보인다. 어떤 사람들은 집이나 다른 장소에서 자신을 고립시키며 곧잘 시무룩해지거나 낙심하기도 한다. 이런 사람들은 깊은 우울증에 빠지기도 하는데, 이 모든 것은 자신의 내면에서 깊이 갈망하는 사랑과 존경과 인정을 주변 사람들에게서 받지 못한다는 원망에서 비롯된다. 정작 자신들은 이런 동기와 원인을 알지 못한 채, 그들이 아는 것은 자신의 힘으로는 그 우울감을 떨쳐버릴 수 없다는 것뿐이다. 마치 그것에 매여 있는 것 같다.

이러한 일들은 어떤 사람들에게서 좀 더 두드러지게 나타날 뿐, 우리 모두는 죄성을 지니고 있기에 많은 이가 견뎌야만 하는 고통이다. 몇 가지 예를 들어 보면 무정함, 자만심, 다른 사람들을 불쾌하게 만들지 않으려는 두려움과 복합되어 사람들을 기쁘게 하려는 본성, 소심함, 방종, 분노, 괴로움, 흠잡음, 비판, 시기와 질투 등등이다.

인정하고 싶지 않을지 모르지만, 우리 모두는 죄성으로 어느 정도 이런 고통을 당한다. 죄는 항상 파괴력을 지니고 있기 때문에 다른 사람들과의 화평을 파괴하고 교제를 분열시키며, 우리 마음의 기쁨과 평화를 무너뜨리고 다른 이들의 기쁨을 손상시킨다. 오만하고 고집불통인 사람은 다른 사람을 지배하고 자신의 방식대로 하려는 욕망 때문에 모든 화합을 깨뜨릴 수 있다. 눈이 있는 사람은 죄의 파괴력이 무엇이며 그것이 가져오는 고통이 얼마나 큰지 깨달아야 한다. 우리 자신을 동정하며 다른 사람을 부러워하는 게 얼마나 쉬운 일인가?

"저 사람의 성격은 나처럼 죄의 속박으로 손상당하지 않았어!"

우리는 자주 낙심, 포기, 혹은 절망이 우리를 지배하게 하며 스스로 모든 것을 더 힘들게 한다.

"내가 극복할 수 있기는 한 걸까? 어떻게 나 같은 사람이 그리스도의 몸에서 쓸모 있는 지체이자 예수님의 증인이 될 수 있단 말이지? 그리스도인으로서 박해를 당하게 될 때, 내가 어떻게 견딜 수 있단 말인가? 무엇보다도 성경에서 이기는 자가 들어간다고 말씀하신 하나님의 성, 하늘의 영광에 감히 내가 들어갈 수 있을까?"(계 3:12 참고)

우리는 마치 쇠사슬과 같이 큰 죄에 결박된 듯하다.

그럼에도 불구하고, 우리의 나쁜 기질이나 죄악 된 본성

안에도 굉장한 보물이 숨겨져 있다. 우리가 해야 할 일은 그것을 발굴하는 것이다. 아마도 여러분은 "보물이라뇨? 어떻게 그런 게 있을 수 있죠?"라고 물을 것이다. 오직 죄인들과 병자만이 영혼의 의사를 찾아간다(눅 5:31). 그들만이 예수님을 찾아가 그분을 구주로 영접할 수 있다. 죄의 속박에서 벗어나지 못했다고 느끼는 사람들만 구세주를 필요로 한다. 그분은 우리를 죄의 속박에서 풀어주시고 진정한 자유를 주시기 위해서 오셨다(요 8:36). 그렇다면 누가 예수님의 구원의 역사를 가장 강력하게 체험해 그분을 영화롭게 할 수 있을까? 바로 죄의 속박으로 가장 고통받고 있는 사람들이다. 예수님은 구원의 힘이 얼마나 강력한지와 주의 보혈로 성품의 변화를 가져올 수 있음을 증명하실 수 있기 때문이다.

이는 특히 대를 이어 내려오는 타고난 까다로운 기질에 적용될 수 있다. 성경에 놀라운 약속이 있다.

"너희가 알거니와 너희 조상이 물려준 헛된 행실에서 대속함을 받은 것은 은이나 금같이 없어질 것으로 된 것이 아니요 오직 흠 없고 점 없는 어린양 같은 그리스도의 보배로운 피로 된 것이니라"(벧전 1:18,19).

만약 사탄이 계속해서 우리를 죄의 속박에 묶어두려 한다면 이렇게 물리치면 된다.

"나는 구원받았다! 예수님이 이미 그 값을 치르셨다!"

육신의 연약함을 받아들이는 자

연세가 드신 한 친척을 방문해서 어떻게 지내셨는지 물어보면, 언제나 나이가 들어가는 것에 대한 어려움을 털어놓으셨다.

"아, 모든 게 약해지고 있어. 내 시력, 청력, 모든 것이 사라지고 있어. 내 기억력이 쇠퇴하고 있어."

이해력이 감소한다는 것이 사실 얼마나 힘든 일이겠는가. 지식인으로서 중추적인 역할을 담당하셨던 이 신사적이고 똑똑한 노인은 이제 신문조차 읽지 못하신다. 팔십대까지만 해도 굉장한 기억력을 지니고 계셨던 이 노신사는 기억력이 점점 줄어들기 시작하더니 이제는 더 이상 예전처럼 자신의 의견을 표현하지 못하시고 다양한 화제가 오르내리는 대화에 참여하실 수 없으셨다. 더 이상 시대의 흐름을 따라가지도, 책을 읽지도 못하신다. 그는 여전히 이해하고 싶어 하지만 그럴 수 없다. 예전에는 모든 면에서, 특히 걸음이 매우 빠른 분이셨는데, 이제는 다른 사람의 팔을 의지하거나 지팡이의 도움을 받아서 겨우 앞으로만 움직이실 수 있다. 다양한 버팀목에 의존하시더니 이제는 계속적인 도움이 필요하시다.

하나님께서 신체적, 정신적인 능력들을 가져가시고 진정한 의미에서 우리를 가난하게 하셔서 다른 사람들에게 의존하게 될 때 인간은 비참함을 경험한다. 많은 노인 분이 감정적으로 고통을 겪으며 혼자 지내는 경우가 대부분이다. 배우자가 돌아가셨을지도 모르고, 자녀들은 독립해 다른 곳에서 가정을 꾸려 살고 있다. 누가 노인에게 관심이 있겠는가? 사랑받는 노인은 거의 없다. 특별히 그들이 삶에서 많은 사랑을 심지 않았다면 더욱 그렇다.

나이가 드는 것은 고통 중의 하나이다. 게다가 이것은 자연스럽게 노화에서 오는 다양한 질병을 동반한다. 모든 면에서 하고 싶은 대로 더 이상 할 수 없기에, 자신의 상태를 받아들이기를 거부하고 억울해하면서 스스로 삶을 더 힘들게 만들고 주변 사람들을 견디기 힘들게 할 위험에 처할 수 있다.

"나이를 먹는 것은 일종의 예술로, 모두가 숙달할 수 있는 것은 아니다"라는 속담이 있다. 그러나 나이가 든다는 것은 익힐 수 있는 예술일 뿐만 아니라, 노인에게서 발견할 수 있는 특별한 광채를 지닌다. 하나님께서는 이 고통을 영광의 축복으로 변화시키기 원하신다.

나이 드신 친척 한 분은 이런 간증을 나누셨다. 정신적인 능력과 신체적인 조건들이 쇠퇴해가자 묵상과 기도의 시간을 많이 가지면서 계속 하나님의 관점에서 삶에 대해 생각해보셨다고 한다. 그러자 놀랍게도, 내가 그분을 방문할 때마다 주께서 어떻게 그분의 삶에서 잘못된 부분들을 보여주셨는지 듣게 되었다. 예를 들어, 그는 자신의 능력 때문에 자만해지고 야망을 품게 되었다고 말씀하시면서, 아직 이것을 회개할 시간이 주어진 것을 감사해 하셨다. 주께서 작고 겸손하게 만드는 길로 인도하실 때, 그는 이것을 감사하며 기쁘게 받아들였다.

그가 자신의 모습을 솔직하게 받아들이자 변화가 일어났다. 그는 자신을 전능하신 하나님의 손에 맡기고 과거에 잘못했던 모든 것을 참회했다. 그의 삶은 매우 달라졌다! 한때 그는 유능하고 사랑받는 지도자였지만, 이제 하나님께서 모든 것을 가져가시자 다른 사람들에게 의존적이 되었고, 더욱 겸손해졌으며, 자신을 향한 매우 작은 섬김에도 감사하게 되었다. 그의 정신적인 능력은 약해지고 있지만, 영적인 능력은 해마다 자라고 있다. 정말 놀랄 만한 변화로 그가 기도할 때는 갑자기 기억력이 최고조에 달한 것 같다. 하나님 앞에 자신이 섬기고 있는 다양한 기독교 단체의 짐과 염려, 문제들을 들고 나가며 그들의 필요를 간구한다.

겉보기에 다재다능했던 한 남자는 쇠약해졌지만, 내적으로는 계속 새로워졌다(고후 4:16 참고). 인간적이고 세속적인 재능은 쇠퇴했지만, 영적인 은사가 나타나고 힘을 얻었다. 하지만 여기에는 전제 조건이 있다. 우리 구주 예수 그리스도를 믿는 믿음이다. 그를 믿는 자는 영생, 하나님께로부터 오는 생명을 얻으며 이 생명은 영원하다.

이 진리는 예수 그리스도 안에서 산 자들에 의해 증명된다. 그분이 영원하신 분이시며 그분의 신령한 능력은 절대 쇠퇴하거나 없어지지 않기 때문이다. 비록 우리가 지닌 인간적인 힘과 재능은 점차 사라질지라도, 우리가 그리스도 안에 거할 때 그분께서 자신의 능력과 영광을 더욱더 드러내실 것이다.

나이를 먹는다는 것이 얼마나 큰 축복인가! 하나님의 영광을 드러낼 수 있는 얼마나 좋은 기회인가! 나의 친척 분도 많은 사람을 위한 영적인 삶에 중추가 되어주셨다. 많은 사람이 그에게 기도를 부탁하러 왔다. 그는 다른 노인들처럼 환영받지 못하고 인생의 목적이나 할 일이 없이 모두에게 짐이 되는 그런 사람이 결코 아니었다. 예수 그리스도가 그의 안에 살아 계셨기 때문에 오히려 다른 사람들에게 많은 축복을 가져다주는 귀한 사역을 하셨다. 노년의 고통이 그를 겸손하고 작아지게 만들었기 때문에 예수님이 거하실 자리가 더욱더 커졌고, 그 어느 때보다 강력히 빛났다. 그리고 평생 동안 회개의 삶을 사셨기에, 그분을 통해 그리스도가 이전보다 더욱 크게 영광받으시고 영적인 능력을 부어주실 수 있었다.

하나님께서는 영원한 기쁨의 샘이 노년에 최고조로 솟아나길 원하신다. 노년기는 진정한 기쁨을 가져다줄 수 있다. 우리 구주 예수님을 사랑하는 모든 사람은 나이가 들수록 곧 사모하는 주님이 계신 집으로 간다는 기쁨이 있기 때문이다.

"나는 곧 주님을 보게 될 거야. 나는 곧 영원한 집, 평화와 사랑, 영원한 기쁨이 있는 왕국, 하나님의 성에서 더없이 행복하게 지내게 될 거야."

나의 친척인 노신사의 경우에서처럼 주님은 주님과 하나 되어 노년기의 시련을 견디는 사람들에게 이 기쁨을 주기 원하신다.

우리가 하지 말아야 할 한 가지가 있는데, 나이가 들어가는 고통을 저항하고 받아들이지 않는 것이다. 그렇게 되면 우리 안에 있는 신성하고 영원한 생명을 죽이게 된다. 모든 반항과 거부는 우리를 하나님으로부터 분리시키고 주께서 우리에게 신성한 생명을 부어주시는 것을 막기 때문이다. 그러나 노년기의 시련을 받아들이고 전적으로 자신의 의지를 주 예수님에게 내려놓는 사람들은 위대한 약속을 실제로 경험하게 될 것이다.

"내 은혜가 네게 족하도다 이는 내 능력이 약한 데서 온전하여짐이라"(고후 12:9).

그렇다면 이 능력은 무엇일까? 그것은 주님 안에 있는 사랑, 기쁨, 기도와 권위의 능력이다. 그러나 아직 예수님에게 자신의 생명을 온전히 드리지 않은 사람들은 그 무엇보다도 예수님을 사랑하고 그분께 헌신해야 한다. 마음속에 예수님의 거처가 있는 사람들은 기쁨과 행복 속에 거한다. 이것은 특히 노인들에게서 뚜렷하게 나타난다. 그들은 예수님을 드러내고, 다른 사람들에게 기쁨을 가져다주며, 주께서 그들을 부르실 그날을 바라보며 더없이 행복한 기대 속에 살아간다. 그렇다. 그들이 필요로 하고 바라는 모든 것이 예수 그리스도 안에 있다. 우리에게 아무것도 없을 때, 모든 것을 가지신 주님이 우리 안에서 일하실 수 있고 우리에게 부족한 모든 것을 주실 수 있다. 그리고 우리는 그분의 왕국에서 별처럼 빛나게 될 것이다.

믿음으로 주님의 약속을 신뢰하는 자

"나는 인내심의 한계에 도달했어. 힘이 다 빠져버렸어. 너무 지쳐서 아무것도 생각할 수가 없어. 단 하루도 견디기 힘든 상황이야."

이렇게 소진되고 의지가 박약한 이유는 병이 있거나 나이가 들어서일 수도 있다. 그러나 요즘은 젊은 사람들조차 무기력하고 힘이 없는 경우가 많다. 환경 오염과 현대사회의 부정적인 면들이 젊은 세대에게 좋지 않은 영향을 미치는 것이 사실이다. 과거에 비해 오늘날의 젊은이들이 대체적으로 신체적으로 더 약한 것이 사실이다.

이러한 고갈 상태는 사람을 지치게 만들고, 때로는 이런 현상이 질병보다 더 견디기 힘들다. 특히 장기적인 에너지 고갈 상태에 있어도 환자가 아닌 다음에야 가정에서나 직장에서 일상적인 의무를 면제받기 어렵다. 이런 사람은 이미 육체적인 연약함을 거두어 달라고 여러 차례 기도하며 외부에서 다양한 도움을 받아보았지만, 아무 효과를 거두지 못했을 수도 있다.

나도 이런 상태에 익숙하고 그것이 얼마나 괴로운 것인지 잘 알고 있다. 그러나 이런 상태에서 벗어나 승리하는 방법 또한 배웠고 이 고통 가운데 역시 하나님께서 숨겨놓으신 귀중한 보물이 있음을 발견했다.

나는 오랫동안 여러 가지 질병으로 고통받았고 체력이 약해서 힘들어했다. 점점 커져가는 단체의 리더로서, 나에게 맡겨진 많은 임무를 감당해야 할 힘을 어디서 얻어야 할지 막막했다. 예수님은 이런 상황에 처한 나를 도우셔서 내가 약할 때 강한 힘을 공급해주심을 증명하셨다. 성경의 한 구절이 내 마음을 감동시켰고 그 말씀은 놀라운 방법으로 내 삶에서 실현되었다.

"내 은혜가 네게 족하도다 이는 내 능력이 약한 데서 온전하여짐이라"(고후 12:9).

이 구절이 내 마음속에 생생하게 울려 퍼지는 승전가가 되었다. 주님의 능력이 약함 안에서 완전해진다면 내가 약함을 두려워해야 할 이유가 무엇이겠는가? 내가 약할 때 주님은 나를 통해 주님의 능력을 나타내실 것이다. 그리고 주님의 능력은 내 능력보다 훨씬 강하다. 이 얼마나 엄청난 약속인가! 나는 감사하며 믿음으로 주님의 약속을 굳게 붙잡았다. 나는 더 이상 견딜 수 없다고 느낄 때마다 "주님은 지금 당신의 능력을 제 안에서 발휘하기 원하십니다. 더 이상 저의 미약한 힘과 제한된 능력에 의존할 수 없습니다. 그러나 예수님은 저의 힘이 되십니다!", "주의 보혈에 능력이 있습니다!"와 같은 몇 마디 말을 반복하는 것이 도움을 주었고, 그때마다 항상 새로운 힘, 주님의 능력을 공급받았다!

피로감이나 체력이 약해 괴로워하는 사람들에게 예수님이 자신의 능력을 선물로 주기 원하신다는 것이 정말 큰 위로가 된다! 이 능력은 우리에게 족하며 우리 자신의 힘이 강한 것보다도 훨씬 더 효과가 크다. 그러니 이렇게 고백해보자.

"예수님, 저는 주께서 이 일을 행하시기를 기대하며 신뢰합니다!"

우리가 믿음으로 "예수님이 나의 힘이다!"라고 선포하면 부활하신 주님으로부터 흘러나오는 생명으로 충만해질 것이다. 여기에는 장차 우리에게 다가올 미래에 대한 약속이 담겨 있다. 앞으로 고통의 시기가 다가올 때, 육체적인 연약함에 시달릴 때 하나님이 주시는 능력을 생각하며 기대할 수 있다.

이 고통의 결과로 얼마나 놀라운 경험을 얻게 되는가! 주님의 능력이 우리 안에서 아주 놀랍게 증명될 수 있다면 어느 누가 피로나 육체적인 연약함을 받아들이지 않겠는가? 우리는 예수님이 전능하신 구주이심을 알게 되고, 주님과 더 깊은 연합을 이루면서 주님을 더욱 사랑하고 신뢰하는 법을 배우게 될 것이다.

나는 무기력할 때 이것을 새롭게 경험했다. 마치 한 멜로디가 마음속에서부터 계속해서 조용히 울려나오는 것 같았다.

"나의 구주 예수님, 이제 주께 작은 희생을 드릴 수 있는 특권이 주어졌습니다. 주님을 향한 저의 사랑을 증거할 수 있는 동시에 주님과 가까워질 수 있는 기회를 제게 주셨습니다."

이처럼 무기력함이라는 고통 속에도 풍성한 내면의 기쁨이라는 큰 축복이 들어 있다. 사랑, 오직 사랑만이 하늘에 계신 우리 아버지와 주 예수님이 어떤 분이신지를 나타내 준다! 우리의 십자가가 클수록 가져올 영광도 더 클 것이며, 이를 통해 이생에서도 천국을 경험하게 될 것이다.

겸손과 사랑, 용서의 마음으로 사는 자

"어떻게 해야 하지? 집에서나 직장에서나 다른 사람들이 부당하게 나를 이용하고 있잖아! 더 이상 참을 수가 없어. 자기들은 쉬는 동안 나한테는 계속 일을 시키다니. 하기 싫은 일은 모두 다 나한테 맡기잖아. 이게 나에게 얼마나 많은 시간과 에너지를 쏟아부어야 하는 일인지는 신경도 쓰지 않아. 가족이나 동료들과 함께 지내는 일이 나에게는 정말 큰 짐이야."

부당한 대우를 받는 것은 견디기 힘든 고통이 될 수 있다. 종종 이 고통은 우리의 금전적, 재산적 손실뿐만 아니라 직업에도 큰 손해를 끼친다. 무엇보다도 억울해하거나 분노가 쌓일 위험이 있다. 어쩌면 힘들게 작은 사업을 시작했는데 누군가가 돈을 빌리고 갚지 않을 수도 있고, 심지어 우리에게 화를 내고 비방할지도 모른다. 그것이 당신을 두 배로 괴롭게 할 것이다. 힘들게 번 돈을 다른 사람에 의해 낭비하게 되는 것은 견디기 힘든 일이다. 우리는 이런 문제를 어떻게 해결할 수 있을까?

나도 예전에 이용당하는 것이 어떤 느낌인지 조금이나마 경험한 적이 있다. 후에는 이것을 더 크게 겪어야 했는데, 이것은 이상한 일이 아니라 그리스도인들의 지극히 정상적인 삶의 한 부분이다.

하나님께서 우리 기독교마리아자매회에 주신 메시지를 담은 첫 번째 소책자를 출판했을 때였다. 그처럼 재정적으로 어려웠던 시기에 책자를 출판하는 데 드는 비용을 모으는 것은 굉장한 믿음의 모험이었고, 우리는 그 비용을 다 지불할 수 있었다는 사실로 인해 매우 감사했다. 당시 우리는 작업실에서 만든 카드나 다른 예술 작품들을 전시하는 작은 장소에 소책자를 진열했다.

그러고 나서 무슨 일이 일어났을까? 집집마다 돌아다니

며 기독교 서적을 판매하는 한 기독 서적 상인이 마을을 돌아다니다가 어느 날 우리를 방문했다. 그런데 그와 동행한 사람이 우리 전시실에 들어가더니 "여기서는 원하는 대로 가져갈 수 있어. 모두 공짜야"라고 말했다. 그러자 그는 우리 책자를 가방에 가득 채우고는 헌금 박스에 동전 한 푼 넣지 않고 떠났다.

우리가 만든 책자나 상품들은 고정된 가격이 없었는데, 믿음으로 사역하기 위한 방법의 일환으로 자원하는 만큼 기부하도록 했다. 이 기회를 이용해서 그는 그 책들을 가져다가 팔았다. 나는 이 문제로 매우 괴로웠고 그가 우리를 대하는 방식이나 자신의 출판 사역을 수행해나가는 방식 때문에 마음속에서 불쾌감이 솟아올랐다.

그런데 그때 나는 하나님께서 이 사람을 우리에게 보내셨다는 것을 깨달았다. 그는 하나님께서 나를 위해 사용하신 도구였다. 처음에는 충격적이었지만, 나는 하나님을 충분히 신뢰하지 않았다. 그런데 나중에 우리 책을 가져다가 판 그를 통해 우리 자매회의 책이 많은 분들에게 전해졌고, 더 많은 주문이 들어오게 되었으며, 친구들이 생기는 일이 벌어졌다. 그제야 나는 하나님을 의지하고 주의 도움을 잊어서는 안 된다는 사실을 배웠다. 우리는 어린양의 길, 예수님의 길을 따를 때에만 이 도우심을 경험할 수 있다.

수년 후에 더욱 심각한 사건이 발생했고 어린양의 길을 따른다는 것이 무엇을 의미하는지 점점 더 분명하게 깨닫게 되었다. 하나님의 아들이셨음에도 불구하고 예수님은 어린양과 같이 공생애 기간 동안 부당한 대우를 견디셨다. 자신의 모든 권한을 공의로 심판하시고 그분의 때에 아들의 무죄를 입증하실 하나님 아버지께 양도하셨다(시 9:4 참고).

우리가 어린양의 길을 걷는다는 것은 마음속으로 우리의 권리를 주장하며 우리를 이용해먹고 잘못을 저지른 사람에게 화를 내는 대신, 인내하며 이 고통이 하나님께로부터 온 것임을 받아들이고 모든 상황을 하나님께 맡기는 것을 의미한다. 하나님께서 우리를 돌보시고 우리를 위해 싸우실 것을 신뢰하면서 말이다.

그런데 어린양의 길을 따르는 것은 우리가 항상 모든 것을 참아야 한다는 것을 의미하지는 않는다. 그러나 이웃이 어떤 잘못을 저질렀는지 알도록 도와주어야 할 때도 있지만, 이것은 겸손과 사랑, 용서의 마음으로 행해져야만 한다. 어떠한 경우든 어린양의 길을 걷는 것은 우리를 부당하게 이용한 사람을 사랑하고 축복하며 그에게 선을 베푸는 것을 의미한다. 그럴 때 하나님께서는 우리를 축복하고 도와주실 것이다. 어린양의 길을 걷는 것이 무엇이며 상대방을 축복하는 마음으로 부당하고 불공평한 대우를 잠잠히 견디는 것이 무엇인지를 점점 더 배웠을 때, 피해를 모두 보상받는 것 이상으로 하나님을 향한 나의 신뢰는 더욱 커져갔다.

예수님을 떠올렸을 때, 이 길은 나에게 매우 소중하게 느껴졌다. 단지 내 권리를 얻으려고 노력할 필요가 없기 때문이 아니라, 그 뒤에 나를 주께 더 가까이 가게 하시는 놀라운 계획이 있음을 발견했기 때문이다. 어린양의 길을 가는 동안 나는 주님과 더 깊게 연합할 수 있었을 뿐 아니라, 다른 사람들이 나에게 잘못하고 나를 부당하게 이용할 때마다 이 길은 나를 보살피시고 때를 따라 도우시는 하나님의 능력을 입증해 보이는 기회가 되었다.

이후 나는 자매회 사역을 통해 이것을 풍성하게 경험하게 되었다. 인간적으로는 우리가 권리를 포기한 결과 사역을 계속 수행하기 어려워져야 했을 것이다. 하지만 하나님께서 우리 대신 개입하셔서 우리가 후원금을 요청하지 않고도 모든 필요를 공급받게 하셨다. 우리 자매회에서는 기부를 할 것인지 아닌지와 금액을 얼마나 후원하고 싶은지 등을 전적으로 사람들에게 맡겼다. 물론 당연히 우리를 부당하게 이용할 수 있는 위험도 따랐지만, 우리는 오늘까지 전혀 부족했던 적이 없었으며 빚지지 않고 전 세계적인 사업을 수행할 수 있었다. 한 수학과 교수는 이것을 '천국의 수학'이라고 불렀다.

다른 사람들이 기꺼이 우리를 부당하게 이용하도록 내버려 둔 적이 한 번이라도 있는가? 하나님 아버지께서는 우리가 준비되기를 기다리신다. 그래야 주께서 우리의 삶을 풍성하게 하실 수 있고, 무엇보다도 주님을 신뢰하는 법을 배울수록 영적으로 주님과 가까워지기 때문이다. 우리는 하나님의 자녀가 되는 것이 얼마나 행복한 일인지를 경험하게 될 것이다. 우리는 다른 사람들에게 의존하는 대신 주께 모든 것을 아뢰고 필요한 모든 것을 받을 수 있다.

그리고 만약 하나님께서 우리에게 부당한 대우를 받게

하신다면 그것은 우리를 어린양의 형상으로 다시 빚으시려는 것이다. 우리는 고통받으시고 엄청난 부당함을 견디신 주님과 하나가 되고 그분께 가까이 가게 될 것이다. 따라서 이 고통을 통해 축복의 강이 흘러나오게 된다.

우리가 자신의 권리를 요구하지 않고 이 길을 따를 때, 이 행복하고 친밀한 예수님과의 연합이 우리 것이 된다. 우리를 예수님과 하나 되게 하고, 하나님 아버지와 어린아이와 같은 신뢰 관계를 쌓는 어린양의 길은 우리를 하나님의 도성으로 이끌며 그곳에서 우리는 주님과 영원히 함께 살게 될 것이다. 그렇다면 이 고통이 우리에게 가져다주는 것은 무엇일까? 그것은 바로 영원한 기쁨과 더할 수 없는 행복이다.

핍박과 상처와 아픔을 이기는 자

다른 사람들에게 미움이나 모략을 받아 나쁜 평판을 받아본 사람이라면 이것이 우리 영혼에 얼마나 큰 상처를 주는지 알 것이다. 우리는 증오가 사람을 죽인다고 말하는데, 그렇다. 증오는 정신적인 살인이다. 중상모략과 거짓말은 한 사람을 위축시키고 병들게 하며 대단히 파괴적인 영향을 가져올 수 있다. 그 사람의 위신, 평판, 경력 등 많은 것을 손상시키기도 한다.

증오의 원인은 부러움이나 질투에서 오는 경우가 많다. 만약 어떤 사람이 누군가에 대한 증오로 가득 차 있다면 그 사람의 진술은 비방의 말이거나 거짓말과 다름없다. 그런 사람에게는 자신의 오류를 납득시킬 방법이 없이, 오히려 반대로 진실을 말해주면 증오는 훨씬 더 심해진다.

이 모든 것을 어떻게 견뎌야 할까? 증오, 중상모략, 수치와 모욕에 시달리는 것은, 심지어 예수님을 위한 것이라 할지라도, 가장 큰 고통 중의 하나임에 틀림없다. 다른 많은 고통은 용감하게 견딜 수 있는 사람들도 수치를 당하게 되면 견딜 수 없어 한다. 그러나 예수님은 주님으로 인해 욕먹고 박해와 거짓을 당하는 사람들에게 가장 큰 복이 있다고 말씀하셨는데, 우리에게 이렇게 도전하신다.

"그날에 기뻐하고 뛰놀라 하늘에서 너희 상이 큼이라"(눅 6:22,23 ; 마 5:11,12).

그런데 이 기쁨이 어떻게 우리의 것이 될까? 이 기쁨을 얻고 싶지만, 우리가 증오와 수치를 받게 되면 대개 우리 마음은 깊이 상처를 입으며 포기하거나 또는 원통하게 된다.

우리에게 상처를 주고 나쁜 짓을 한 사람들을 떠올릴 때면 반항심이나 심지어 증오가 우리 안에 밀려 들어온다. 거짓말은 우리의 정의감에 위배되고, 분노가 일게 하며, 억울한 생각과 비난 때문에 괴로워 밤에도 평안히 쉬지 못할 수 있다. 그리고 하나님에 대한 반항심이 생기며 이렇게 불평한다.

"도대체 왜 저에게 이런 수치를 당하게 하시는 겁니까? 왜 저의 평판을 이렇게 형편없이 떨어뜨리시는 거죠? 왜 제가 이렇게 많은 증오로 고통받아야 하는 겁니까?"

그 상처가 너무 깊어서 절대 치유되지 못할 것이라고 생각한다.

개인적인 경험을 통해 나도 수치심으로 인한 상처가 얼마나 깊을 수 있는지 알고 있다. 이 경험은 여러 해 전, 우리 자매회의 시작이었던 청소년 사역 부흥이 일어났을 때였다. 나중에 '작은 약속의 땅, 가나안'이 설립되고 전 세계에서 온 방문객들을 위한 영적 센터로서 중요성을 갖기 시작하자, 점점 더 많은 사람이 부러워하게 되었다. 중상모략과 증오는 같은 비율로 증가했는데, 나는 거짓과 비난으로 가득하고 온갖 악한 일들을 내 탓으로 돌리는 편지들을 받았고, 몇몇 저명인사들은 우리 자매회와 특히 나의 인격에 반대하는 캠페인을 벌이기까지 했다. 그 편지들은 많은 기독교 단체에 보내졌는데, 우리를 조심하라고 경고하면서 만약 우리와 계속 접촉하거나 내 서적을 전달할 시에는 보호 조치를 취하겠다고 협박했다. 신자들은 내 책을 태우도록 재촉 받았고 공적인 집회에서 나를 반대하는 경고문이 발행되거나 테이프에 녹음되어 중상모략은 전역으로 퍼져나갔다.

우리를 대적하는 사람들은 우리가 성령의 은사를 가지고 있고, 회개와 기도의 삶으로 이끌며, 모든 필요를 하나님께 맡긴다는 이유로 우리를 악한 영이라고 주장하기까지 했다. 이것들이 마치 성경의 가르침과 반대되는 것처럼 묘사되었고 우리의 명예를 훼손하는 출판물들이 계속해서 발행되었다. 이런 것들이 헌신적인 기독교인들의 모임 내에서 번져나갔고 심지어 먼 곳에 있는 선교지까지 전달되었다. 대부분의 사람은 이를 사실로 받아들였는데, 신자들이 거짓말을 하는 것은 불가능하다고 생각했기 때문이다.

깊은 상처를 받았을 때, 당신은 그 고통을 어떻게 견뎌내는가? 그것을 어떻게 극복하는가? 하나님께서는 나에게 한 가지 방법을 보여주셨는데, 먼저 이 모든 것이 궁극적으로 사람들이 아닌 하나님께로부터 온 것임을 깨닫도록 도와주셨다. 나는 "주님이 하셨군요!"라는 고백이 필수적이며 또한 특권임을 배워야 했다. 주께서 하시는 모든 일은 사랑의 마음에서 비롯되며, 영원하며 지혜롭고 애정 어린 계획에 따른 것이다. 이 고통에는 보화가 들어 있으며 이것들은 우리가 예수님을 더욱 닮아가게 하기 위한 것이다. 이것을 믿으면 우리 마음속에 평화와 평온이 찾아올 것이다. 그래서 나는 날마다 이렇게 말씀드렸다.

"아버지, 이것이 당신의 손에서 오는 것이니 받아들이겠습니다."

우리 주 예수 그리스도는 이 길을 가셨다. 그는 수치와 굴욕, 모략을 당하셨으며 거짓 비난을 당해 마침내 죄인으로 십자가에 못 박히셨다. 그 순결하고 거룩하신 분이 말이다. 그리고 나는 그분의 제자이며 그분께 속한 자로, 이제 나는 진리이신 주님의 편에 설 수 있는 특권을 가졌으며 어느 정도 주님의 길에 동참하는 경험을 할 수 있게 되었다. 예수님은 이렇게 말씀하셨다.

"사람들이 나를 박해하였은즉 너희도 박해할 것이요"(요

15:20).

이것은 내가 예수님의 제자로서 바른 길을 가고 있다는 것을 의미했다. 또 이렇게 말씀하셨다.

"제자가 그 선생보다, 또는 종이 그 상전보다 높지 못하나니 제자가 그 선생 같고 종이 그 상전 같으면 족하도다 집 주인을 바알세불이라 하였거든 하물며 그 집 사람들이랴"(마 10:24,25).

이제 나는 예수님과 더욱 깊이 결속되었고 나에게도 그 성경 구절이 적용될 수 있는 특권을 누릴 수 있었다.

"너희가 그리스도의 이름으로 치욕을 당하면 복 있는 자로다 영광의 영 곧 하나님의 영이 너희 위에 계심이라"(벧전 4:14).

이 얼마나 귀중한 선물인가! 나의 마음은 위로를 받았으며 주님의 길에 동참하는 깊은 열정으로 나 자신을 수치와 모욕을 당하신 주께 올려드릴 수 있었다.

주님은 또한 이 모욕의 길이 나를 정화시키는 주님의 계획이셨음을 보이셨다. 원수에게 자비로운 사랑을 베푸는 대신 자신의 권리를 주장하는 인간의 전형적인 반응으로부터 나를 깊이 해방시키기를 원하셨다. 이 훈계의 길을 가는 동안 하나님의 자비로운 사랑이 내 삶에 더욱더 넘쳐나도록 내 안에서 일하기를 원하셨다. 그분은 놀랍고 거룩한 목적을 가지사 나에게 상처를 주는 원수들을 내 삶에 허락하셨다. 이 상처들로부터 자비로운 사랑이 흘러나왔다. 이것을 위해 예수님은 우리를 구원하셨고, 십자가에 달리셨으며, 모략과 미움을 받으셨고, 고통당하셨다. 상처 받은 주님의 마음에서는 주님을 미워하고 비방하며 십자가 위에서 죽게 만들었던 사람들을 향한 자비와 용서와 사랑만이 흘러나왔다.

예수님이 내 안에서 행하고자 하셨던 것이 바로 이것이다. 그리고 당신이 모욕당하고 부당하게 고통받을 때, 같은 일을 행하기 원하신다. 그분은 우리 안에 그 무엇보다도 아름다운 것을 불어넣기 원하시는데, 우리에게 상처를 주며 증오하고 비방하기까지 하는 사람들을 향한 자비로운 사랑이다. 우리의 상처로부터 쓴뿌리가 아닌 사랑과 용서가 흘러나와야 할 것이다.

나의 노력으로는 원수들을 향해 이런 사랑을 흘려보내는 것이 불가능하다. 비록 한 마디 방어도 없이 모든 것을 조용하게 견뎌냈어도 나는 나에게 잘못한 사람들을 떠올릴 때마다 여전히 스스로 정당화하려고 한다. 그러나 하나님의 어린양이신 예수님은 우리를 위해서 어린양의 길을 가셨다. 대속물로 십자가에 못 박히시고 구원을 이루셨다. 그분의 상처로부터 구원과 대속이 흘러나왔다. 주님의 거룩한 보혈에는 우리를 자비로운 사람으로 변화시킬 수 있는 구원의 능력이 있다.

그러므로 나는 날마다 새롭게 어린양의 보혈을 구했다. 주님은 나를 어린양으로 만드셨고, 그 결과 나는 온갖 부당함을 견딜 뿐만 아니라 온 마음을 다해 원수를 사랑하는 방법을 배울 수 있었다. 예수님은 나의 기도를 들으셨고 시간이 지나면서 이전과는 비할 바 없이 원수를 향한 자비로운 사랑을 부어주셨다.

나처럼 원수를 사랑하기를 갈망하는 사람은 누구든지 예수님의 보혈을 구할 수 있다. 예수님의 구원은 아직도 유효하며 우리는 사랑하기 위해 구원을 받았다. 원수를 사랑하라는 예수님의 명령을 따라 살지 못했음을 겸손하게 인정하고 기꺼이 그들이 주는 고통을 감내하기로 결단할 때, 예수님의 구원은 우리 삶에 효력을 발휘한다. 그럴 때 주님의 구원의 권능으로 원수를 사랑하는 것이 특권임을 알게 될 것이다. 나는 그 과정에서 어느 때보다도 깊은 평안이 내 마음을 채우는 것을 경험했으며 예수님이 산상 설교에서 말씀하신 그 기쁨을 맛보았다.

주님이 주시는 기쁨은 이미 고통 중에서도 시작되었으며 우리의 시선을 천국으로 향하게 한다. 무엇보다도 그곳에는 더 이상 원수가 존재하지 않게 된다. 우리는 더 이상 미움과 박해와 모욕과 비방을 받지 않게 되며, 더 이상 우리에 대한 거짓말이 퍼지지 않는다. 오히려 우리는 사랑하는 사람들과 교제하며 영원한 사랑이신 예수님과 함께 살게 된다. 이것은 이전에도, 지금도 나에게 큰 위로가 된다.

우리는 기쁘게 주님이 계신 집으로 돌아갈 날을 고대하고 있다. 이 땅에서 증오를 극복하고 사랑으로 반응한 사람들은 면류관을 받게 될 것이다. 진리의 말씀대로 예수님은 영원한 그 나라에서 예수님의 이름을 위해 박해와 비방을 받은 사람들에게 풍성한 기쁨과 영광을 주실 것이다.

현재의 고통은 잠시뿐이며 수치와 모욕, 증오, 비방, 우리가 이 땅에서 겪는 모든 것도 그러하다. 하지만 우리가 영생에서 받을 것은 영원하다. 그리고 성경에서 말씀하듯이 이 땅에서 수모를 당하고 미움과 비방을 받은 사람들은 영광을 얻을 것이다.

그렇기에 비방의 한가운데서도 우리는 원수를 사랑하는 방법을 배울 수 있다. 실제로 이 사랑이 자라서 꽃피는 곳은 이 땅이 아니겠는가! 사랑은 다른 사람들의 증오를 한 번도 경험해보지 못한 사람은 얻을 수 없는 풍성한 축복과 행복을 가져다준다.

증오와 비방에 직면하는 것은 심한 고통이다. 하지만 바로 그 안에 특별한 축복이 숨어 있다. 모욕은 우리를 더 작고 낮아지게 만든다. 이것이 우리가 바라는 것이 아닌가? 예수님과 닮아가다가 어느 날 그분과 대면해 보기를 갈망하지 않는가? 증오와 비방의 화살에 맞을 때, 우리 자신을 예수님에게 복종시키고 이렇게 선포하자.

"오 나의 구세주 예수님, 오 나의 아버지, 저는 이 고통을 겪기 원합니다. 주님의 길을 따르고 싶기 때문입니다. 저에게는 이 고통이 필요합니다. 모욕은 겸손하게 하니, 이것이 저를 더 낮아지게 할 것입니다."

우리가 이렇게 헌신의 자세를 취할 때 고통의 쓰라림은 사라질 것이다. 나에게는 마치 예수님이 이렇게 말씀하시는 것 같았다.

"더 깊이, 더 깊이 엎드려라. 그러면 나의 은혜가 네게 임하고 너는 말할 수 없는 수치와 모욕의 길을 따르기로 선택한 주께 더 가까이 가게 될 것이다."

주님과 가까워지는 것보다 더 큰 기쁨이 어디 있겠는가?

CHAPTER **13**
신랑을 기다리는 신부

예수님의 신부는 신랑에 대한 사랑으로 자신의 죄를 고백하고 회개의 삶을 산다. 이는 자신의 죄에 대한 거룩한 근심으로, 영적 죽음인 절망을 하게 하는 것이 아니라 축복으로 이끄는 회개를 하게 한다(고후 7:10).

많은 사람이 예수님의 신부가 되고 싶은 동경을 지니고 있고 이러한 길이 있다는 것을 들으면 매력을 느낀다. 그러나 그들의 관심이 감정적인 것에 불과한지 아니면 영적인 것이었는지는 그들이 이기는 자의 길을 택해서 끝까지 견디는가에 달려 있다.

신부의 영혼은 어떠한 어려움이 있더라도 매일의 삶에서 어린양의 길을 따르기에 이기는 자가 되고자 한다. 그것은 불의를 견뎌야 하고 완전히 용서하는 것을 의미한다. 더 이상 원망하지 않으며 인내하고 참아주는 어린양의 성품으로 바뀌는 것을 의미한다.

"참으면 또한 함께 왕 노릇할 것이요"(딤후 2:12).

십자가 길의 승리

예수님의 길에서 고난의 길이 부활로, 죽음에서 생명이 소생하고 고난과 눈물이 기쁨으로 변화된 것처럼 믿는 자들의 삶에서도 마찬가지이다. 어느 한 영혼이나 공동체가 죽음의 길에서도 "예, 아버지"라고 답하며 예수님과 함께 기꺼이 고난의 길을 간다면 결코 죽음에 머물지 않을 것을 예수님의 부활이 말해준다. 하지만 그러한 일이 생명의 주이신 예수님과의 관계 속에서 그분을 향한 믿음으로 일어난 것이 아니라, 원망과 증오 속에서 행한 것이라면 이런 죽음에서는 결코 어떠한 생명도 소생할 수 없다.

죽음은 부활 승리의 비밀이다. 우리가 땅에 떨어져 죽는

밀알의 길을 간 뒤에는 그전에 우리를 괴롭히던 세력들이 더 이상 영향을 행사할 수 없다. 예수님의 승리에 대한 굳건한 믿음을 지니고 그분의 십자가의 길을 따르는 정도만큼 우리의 삶에서 사탄의 지배가 깨어져 나간다. 주님이 어린양처럼 끝까지 참으며 사랑하셨을 때 지옥의 권세는 무너져 내렸고, 주님은 죽음의 사슬을 깨고 무덤에서 일어나셨다.

예수님은 우리의 죄 때문에 고난의 길을 가셨다. 우리를 죄에서 구원하시려고 죽음과 무덤을 택하셨다. 우리가 예수님과 함께 이 죽음의 길을 가면, 이 길에서 우리의 죄 된 옛사람은 끊임없이 죽음에 이르고 하나님의 형상을 닮은 새사람이 소생한다. 비판적이고 완고하며 무자비하던 영혼에게서 사랑과 선함이 흘러나오고, 지배적이고 자기 고집대로 행하던 자에게서 온유함이 흘러나오며, 교만한 자가 겸손하게 변화되다니 얼마나 놀라운 일인가! 우리가 죽음의 길에 자신을 내어줄 때 일어나는 이 창조의 역사는 바로 하나님의 기적이 아닐 수 없다.

그렇다면 어떻게 해야 주님의 고난을 다만 지식적으로 이해하는 것이 아니라, 마음으로 느끼며 고난에 동참하는 은혜를 얻게 될까? 가장 확실한 길은 회개와 돌이킴이다. 우리가 예수님의 신부로서 그분의 고난에 동참하려 할 때, 그 길을 가로막는 것은 무엇일까? 바로 자아의 요구와 원함에 지배되는 자기중심적 삶이다.

이에 변화가 있으려면 우리가 불의를 당하거나 기대했던 인정을 받지 못할 때, 우리 가슴에 원망과 불평이 생길 때 민감하게 깨어 돌이켜야 한다. 때로 우리는 무의미해 보이는 어려운 길을 가거나 주님이 오랫동안 응답하시지 않아 광야에 처하기도 한다. 자신의 자아에 몰두하는 것은 바로 장벽을 쌓는 일이며 주님 마음에 합하지 못해 예수님에 대한 사랑이 자라지 못한다. 그러나 회개하고 돌이키면 이 벽이 무너지고 예수님과 깊은 연합 속에 그분의 고난에 동참케 된다. 이 땅에서 예수님의 고난에 연합하는 것은 하늘나라에서 영광 중에 예수님과 놀라운 연합을 하게 한다.

따라서 세상이 어두워져 갈지라도 예수님의 신부는 큰 소망을 가질 수 있다. 사탄이 점점 더 승리하는 것같이 보여도 신부의 영혼은 예수님이 최종 승리자이심을 알며, 이를 전하고, 흑암 중에서도 하나님 영광의 조용한 새벽이 밝아오는 것을 이미 보고 있다. 오늘날 사탄적인 생각과 행동을 지닌 인간들에 의해 지옥의 모습이 공공연히 드러나는 것과 동시에 예수님에 대한 신부의 사랑도 그 어느 때보다 명백히 가시적이 되어 간다. 삼킬 듯이 밀려오는 어둠과는 반대로 예수 그리스도의 신부는 더욱 강한 빛을 발한다. 그녀의 숨겨진 삶, 하나님과 함께한 사랑과 고난이 갑자기 세상에 드러나게 되고 전파된다. 그녀 안에는 지옥과 사망을 이기신 예수님의 소멸할 수 없는 사랑의 생명이 맥박 치고 있다.

예수님 십자가의 길에서 이 사랑이 치명적인 타격을 받는 그 순간, 지옥은 사랑이 생명으로 부활하는 것을 지켜보아야 했다. 이 사랑은 참된 생명으로 하나님의 생명이며 머리 되신 예수님에게서나 오늘날 그분의 몸 된 지체들 가운데 결코 죽지 않는 생명이다. 오늘날 개인적인 신부의 영혼만이 아니라, 마지막 때 도래할 예수 그리스도의 왕권의 명백한 표징으로 신부의 무리가 이미 이루어지고 있다. 어둠의 세력이 설쳐댈지라도 신부의 무리는 정화되어 가고 형성되어 간다. 예수님을 사랑하는 사람들은 이전에 서로 본 적이 없어도 서로를 알아보며 하나가 되어 간다. 주님을 사랑하는 마음으로 하나 된다. 이 신부의 무리는 예수님

부활의 승리와 임하실 나라를 선포하는 개척자이다.

"여호와여 주께서 죄악을 지켜보실진대 주여 누가 서리이까 그러나 사유하심이 주께 있음은 주를 경외하게 하심이니이다"(시 130:3,4).

우리를 위해 십자가에서 고통받으신 예수님을 바라볼 때 어느 누구도 변명할 수 없다. 그분의 십자가 고난에 인간의 모든 죄가 총 집결되어 있는데, 나의 죄 역시 주께 치명적인 일격을 가했다. 그러므로 우리가 죄인으로서 십자가 앞에 엎드린다면 우리의 모든 죄악을 대속하신 주님의 십자가를 통해 구원을 얻게 된다.

예수님이 겪으신 무서운 고통의 모습 속에서 우리의 죄악이 얼마나 경악할 만한 것인지 보아야 한다. 그러면 우리 삶 속의 모든 징계와 역경 가운데에서도 "제게 합당한 것을 받았습니다. 제가 죄인임을 자백합니다"라고 고백하게 될 것이다. 그러면 예수님은 "오늘 네가 나와 함께 낙원에 있으리라"라고 답해주실 것이다.

십자가에 못 박히신 예수님을 바라보면서 성령의 조명하심을 구하자. 그러면 우리의 죄를 깨닫게 되고 죄 사함의 은혜를 누리게 될 것이다.

고난에서 솟아나는 승리와 영광

"보좌에 앉으신 이가 이르시되 보라 내가 만물을 새롭게 하노라 하시고 또 이르시되 이 말은 신실하고 참되니 기록하라 하시고"(계 21:5).

하나님께서 천지를 창조하시고 "심히 좋았더라"라고 하신 것처럼 독생자 예수님의 고난으로 구원 사역이 완성되었을 때에도 "심히 좋았더라"라고 하시지 않았겠는가? 그 어려운 고난의 싸움을 마치고 온통 상처로 뒤덮인 채 안식하는 아들에게 하나님 아버지는 "내 아들아, 모든 것이 완성되었다. 심히 좋구나"라고 거듭거듭 말씀해주셨을 것이다. 주님은 모두를 구원하셨고, 의롭게 하셨으며, 옛 피조물을 회복시키셨다.

하나님의 성에서 양손과 양발, 옆구리에 상처를 지닌 어린양이 빛을 발하고 계신다(계 21:23). 그날에 피조물들은 주님의 피 흘리심으로 완성된 영광, 그 혹심한 고난의 대가로 얻은 찬란한 광채를 발할 것이다. 하늘과 새 땅의 모든 것보다 상처를 지니신 주님이 더욱 밝게 빛날 것이다. 주님의 고난의 길을 주와 함께 걸어간 제자들 또한 하늘나라의 영광 가운데 빛을 발하며 하나님 아버지의 나라에서 해처럼 빛날 것이다.

주님의 고난의 안식일로 말미암아 삼위일체 하나님은 세상의 안식일, 즉 만유가 하나님의 마음과 합할 날을 고대하고 계신다(고전 15:28). 그때 안식의 평화가 만유 가운데 깃들일 것이다. 온 세상이 창조주 하나님의 영광을 드러내고, 인간이 축복된 구원을 얻은 자로 하나님의 형상을 반영하게 될 안식일을 주님은 고대하고 계신다. 그때 하늘이 땅 위에 임하고 하나님께서 그의 장막을 사람들 사이에 세우시며 함께 거하실 것이다(계 21:3).

우리의 생에서 예수님이 그분 고난의 특정한 단계를 우리와 나누고자 부르실 때가 있다. 그럼에도 우리의 고난은 그분의 것에 비하면 아주 작은 규모에 불과하며 죄인인 우리에게는 어느 정도 받아 마땅한 것이다.

우리가 그분처럼 상처를 기꺼이 받아들일 때만 주님은 우리를 참된 신부로 인정하실 것이다. 우리는 영혼과 정신과 몸에 고난 받을 때, 주 예수님 곁 가까이 거하는 것이므로 기뻐해야 할 것이다. 그러면 평화가 우리 마음 안에 흘러들고 예수님의 고난으로부터 솟아오르는 승리와 영광을 나누게 될 것이다.

우리가 주님이 발견되어질 고난의 장소에서 그분을 찾는 것을 두려워하지 않는다면 예수님에게 향한 사랑과 연합이 깊어질 것이다. 그곳은 예수님이 신부를 기다리는 곳이요, 그때 주님의 성품을 충만히 알게 될 것이다. 우리는 그곳에서 그분이 얼마나 우리를 사랑하시고 보살피시는지, 어떻게 우리를 지탱해주시며 죄에 매인 부분을 도와주시는지 경험하게 될 것이다. 고난 중에서조차 주시는 기쁨을 맛보게 될 것이며 그분 안에서 풍요로운 삶을 누리게 될 것이다.

하나님의 거룩한 성

우리가 더 이상 고난을 견딜 수 없다고 느낀 것처럼 예수 그리스도의 신부는 어린양의 혼인 잔치에서 기쁨과 축복을 감당할 수 없다고 느끼게 될 것이다. 모든 민족과 피조물의 구속만이 아니라 더욱 놀랍고 귀한 일이 일어날 것이다. 바로 하나님의 거룩한 성 새 예루살렘이 신부가 남편을 위해 단장한 것같이 단장하고 이 땅으로 내려오는 것이다(계 21:2).

모든 세대 인류의 가장 깊은 동경이 바로 이때 충족되어진다. 하나님께서는 약속하신 대로 이루실 것이다. 하늘과 땅 사이의 분리와 하나님과 인간 사이의 분리가 극복되는 것을 우리가 경험하고 하늘이 땅으로 내려오고 전능하신 하나님이 여기에 거처를 삼으신다는 것을 상상할 수 있을까? 하나님께서 더 이상 멀리 계시며 보이지 않는 분이 아니라, 우리 가운데 거하신다는 것을 누가 이해할 수 있을까? 하나님과 자녀가 아버지와 얘기하듯이 그렇게 가까운 사이가 되며 하나님이 친히 우리 눈에서 모든 눈물을 닦아주신다는 말씀(계 21:3-5)을 믿음으로 볼 수 있을까?

하나님의 도성이 내려오고 거룩하신 하나님이 인간 가운데 거하시는 것은 어린양의 신부와 관련이 있다. 요한계시록 21장 말씀대로 하나님의 도성은 신부에 의해 이루어지기 때문이다.

"이리 오라 내가 신부 곧 어린양의 아내를 네게 보이리라 하고 성령으로 나를 데리고 크고 높은 산으로 올라가 하나님께로부터 하늘에서 내려오는 거룩한 성 예루살렘을 보이니 하나님의 영광이 있어 그 성의 빛이 지극히 귀한 보석 같고 벽옥과 수정같이 맑더라 … 그 성은 해나 달의 비침이 쓸데없으니 이는 하나님의 영광이 비치고 어린양이 그

등불이 되심이라"(계 21:9-11,23).

거룩한 성 예루살렘, 이 땅으로 내려오는 하나님의 성은 어린양의 신부에 속한 사람들이다. 그들은 하나님의 형상으로 바뀌었기 때문에 하나님의 도성을 이룰 수 있다. 그들은 불로 연단한 시험을 통과하면서도 믿음으로 끝까지 사랑을 지켰기 때문이다(벧전 1:7). 하나님의 도성은 보석의 광채로 빛나고 어린양의 신부는 흠도 점도 없는 마음을 가졌다(엡 5:27).

신부는 자신의 죄를 그때마다 빛으로 가져와서 어린양의 피로 씻었고 연단과 십자가의 길을 통과하며 정화되었기에 점점 빛으로 변해간다. 그들은 하나님의 도성 어디서나 하나님의 아름다움을 반영한다. 예수 그리스도의 신부가 이 땅에 살면서 사랑하고 고통받으며 믿음의 선한 싸움을 싸우고 희생한 것들은 하나님나라를 이루는 보석의 재료라고 할 수 있다. 이 땅의 보석들도 많은 열과 압축을 통과해 형성된다. 진주는 몸에 들어온 이물질의 아픔을 통과하며 만들어진다고 한다.

요한계시록의 말씀을 묵상하며 기도하자.

"주의 말씀이 내 안에 살아 있는 말씀이 되게 하시고 나의 미래가 이 놀라운 주의 도성에 속한다는 확신 속에 살게 하소서."

어린양의 보혈의 능력

누가 이 놀라운 목표인 어린양의 혼인 잔치에 참여할까? 우리는 어린양과는 반대의 성품을 지닌 것을 삶 속에서 수시로 경험한다. 우리 마음속에 있는 생각, 감정, 느낌 등이 만약 필름으로 우리 눈앞에 펼쳐진다면 이렇게 말할 것이다.

"내게는 어린양을 닮은 부분이 없구나. 어린양과 같은 영혼들이 어린양의 혼인 잔치에 참예한다면 나는 어떻게 이 목표에 도달할 수 있을까?"

승리하신 어린양, 세상 죄짐을 지고 가신 예수님은 죽임 당하신 어린양으로 하늘 보좌에서 경배 받으시기에 합당하시다.

"내가 또 보고 들으매 보좌와 생물들과 장로들을 둘러 선 많은 천사의 음성이 있으니 그 수가 만만이요 천천이라 큰 음성으로 이르되 죽임을 당하신 어린양은 능력과 부와 지혜와 힘과 존귀와 영광과 찬송을 받으시기에 합당하도다 하더라"(계 5:11,12).

하나님의 어린양의 가장 거룩한 특성은 바로 그분의 상처이다. 하나님의 어린양은 우리를 위해 이 땅에 오셨고 그 피로 우리를 깨끗케 하기 위해 죽임 당하셨다. 그분은 우리를 모든 죄의 본성, 십자가의 회피, 교만, 고집, 반항과 비판 등에서 자유케 하실 능력을 지니신다.

"우리 형제들이 어린양의 피와 자기들이 증언하는 말씀으로써 그(사탄)를 이겼으니"(계 12:11)라고 했듯이 누구든지 어린양의 피로 승리할 수 있다. 비록 지금은 얽매여 있더라도 회개와 믿음의 싸움으로 어린양의 피를 요청하고 찬양하는 사람은 어린양을 닮아간다. 물론 하루아침에 이루어지는 것은 아니다.

예수님의 보혈은 우리의 유전 요소보다도, 죄악의 사슬보다도 더욱 강한 능력을 지닌다. 예수님의 보혈을 날마다 요청하고 찬양하며 항상 새롭게 자유케 하는 능력을 믿자. 우리가 연단의 길에 헌신하고 예수님과 점점 더 깊이 연합하며 사랑하게 될 때 그분의 형상으로 변화하게 된다. 어린양의 보혈에 승리가 있기에, 어려운 싸움에 인내할 충분한 가치가 있다. 이는 죄 된 우리 인간을 신부로 택하신 예수님의 형언할 수 없는 은혜의 선물이다.

거룩한 '남은 자'

예수 그리스도의 신부의 삶은 우리 시대 사탄의 지배 아래 살고 있는 대부분 사람들의 삶과는 대조적이다. 오늘날 많은 이가 죄악을 따라 사탄의 권세 아래 살고 있는데, 무의미와 공허함이 그들의 특징이다. 오늘은 쾌락, 내일은 죽음, 그 다음에는 아무것도 없다고 여긴다.

현재와 또한 미래가 예수 그리스도의 신부, 예수님을 사랑하는 사람들에게 달려 있다. 사탄적인 죄악으로 가득 찬 세상에 엄청난 고난을 수반한 하나님의 심판이 있은 후에 아마도 살아남은 사람들 사이에 회개와 하나님을 경외함이 생겨나고 하나님께로 돌이키는 움직임이 있을 것이다. 이때 그리스도의 신부의 무리가 중요한 의미를 지닌다. 주님은 순교로 주께 영광 돌릴 사람들을 제하고는 신부의 무리를 보호하실 것이다.

거룩한 '남은 자'로서 그들은 당황하고 고통받는 인간들을 하나님께로 부르고, 주님의 도우심으로 그 어느 때보다 생명수가 필요한 그들에게 나누어줄 것이다. 주님은 이 마지막 때에 온 세상을 다니시며 호소하고 계신다.

"나에게로 돌아오라. 신랑인 내게 아직 없는 나의 신부를 기다리노라. 나를 처음 사랑으로 사랑하고 내가 그들의 삶의 모든 것이 되어 나를 위해 살고 또 고난 받는 자, 나의 나라를 함께 지어갈 자, 구원의 역사를 완성하는 데 함께 참여할 자를 찾노라."

주님을 사랑하는 자

초판 1쇄 발행	2018년 2월 12일
지은이	바실레아 슐링크
옮긴이	배응준·기독교마리아자매회
펴낸이	여진구
책임편집	이영주, 김윤향
편집	김아진, 안수경, 최현수
책임디자인	마영애, 유주아
기획·홍보	김영하
마케팅	김상순, 강성민, 허병용
제작	조영석, 정도봉
해외저작권	기은혜
마케팅지원	최영배, 정나영
경영지원	김혜경, 김경희
이슬비전도학교	최경식
303비전장학회 & 303비전꿈나무장학회	여운학
303비전성경암송학교	박정숙

펴낸곳   규장

주소 06770 서울시 서초구 매헌로 16길 20(양재2동) 규장선교센터
전화 02)578-0003 팩스 02)578-7332
이메일 kyujang0691@gmail.com 홈페이지 www.kyujang.com
페이스북 facebook.com/kyujangbook 인스타그램 instagram.com/kyujang_com
카카오스토리 story.kakao.com/kyujangbook
등록일 1978.8.14. 제1-22

ⓒ 한국어 판권은 규장에 있습니다.
이 출판물은 저작권법에 의해 보호를 받는 저작물이므로 무단 전재와 무단 복제를 할 수 없습니다.

책값   뒤표지에 있습니다.
ISBN 978-89-6097-526-2 03230

규 | 장 | 수 | 칙

1. 기도로 기획하고 기도로 제작한다.
2. 오직 그리스도의 성품을 사모하는 독자가 원하고 필요로 하는 책만을 출판한다.
3. 한 활자 한 문장에 온 정성을 쏟는다.
4. 성실과 정확을 생명으로 삼고 일한다.
5. 긍정적이며 적극적인 신앙과 신행일치에의 안내자의 사명을 다한다.
6. 충고와 조언을 항상 감사로 경청한다.
7. 지상목표는 문서선교에 있다.

하나님을 사랑하는 자 곧 그의 뜻대로 부르심을 입은 자들에게는 모든 것이 合力하여 善을 이루느니라(롬 8:28)

규장은 문서를 통해 복음전파와 신앙교육에 주력하는 국제적 출판사들의 협의체인 복음주의출판협회(E.C.P.A:Evangelical Christian Publishers Association)의 출판정신에 동참하는 회원(Associate Member)입니다.